JINGJIXUE
FANSI

经济学反思

王东京　著

人民出版社

序 言

在将书稿交给出版社之前，我一连好几天为怎样起书名而纠结。原本是想用《经济学困惑》，可有朋友主张用《经济学悖论》，而责任编辑曹春博士又建议用《经济学反思》。思来想去，觉得还是曹博士的建议好。是的，本书不单是写困惑，更多则是自己对经济学的思考。文能对题，最后定下来就用《反思》。

实不相瞒，为写本书我足足准备了二十年。1996年我在《中国经济时报》写专栏向国内读者介绍西方经济学、西方经济学名著、西方经济史，每周一篇，一气写了八年；后来转到《21世纪经济报道》写中国经济系列，也是每周一篇，又写了五年。于今想来，要是没有十三年专栏打底，恐怕不会有今天这本《反思》问世。

不知有幸还是不幸，当年我就读的中南财经大学并非名校，但母校非常重视读经典。那时候教授上课常给学生背经典，考试也逼着学生背。记忆中大学四年似乎天天要背书，当时感觉真的很不幸。可 1988 年考入人民大学读博士，发现自己背经典的本领明显高人一筹；后来写专栏，引经据典得心应手，现在看却是因"祸"得福了！

这里要说的，是大学时为了考试读经典，免不了囫囵吞枣，到中央党校任教后才知自己对经典一知半解，知其然而不知其所以然。于是重读，这一次读得用心，整整花了两年时间。这两年不仅让我领悟到了经典的魅力，同时也对经济学产生了诸多的疑惑。不过那时年轻，初出茅庐，面对疑惑只是觉得自己蠢，没敢去怀疑经典。

2010 年，我的工作岗位有了变动，没时间再写专栏了，只好忙里偷闲整理之前尚未发表的论文。不成想，一边整理旧稿，脑子里对经济学的种种疑惑却挥之不去。于是灵机一转，我决定先弄清这些疑惑。这样又用了五年，一个一个问题研究并力求甚解。去年 8 月在《学习时报》重开专栏，这一年刊载的就是我近五年的思考成果。

相熟的朋友知道，迄今为止我出版的著作大致可分两类：一类是讲解经济学原理；一类是用经济学原理分析中国经济。在写作过程中，我发现西方经济学不仅有不少理论相互打架；而且也不足以解释中国的现实。其实早在 30 多年前，美国经济学家艾克纳就承认，"经济学的某些重要命题还不能用事实证实。"基于此，我对经济学的反思也是从理论与现实两个方面展开。

举例说吧：萨伊定律说供给可自动创造需求，而凯恩斯却说供给不能创造需求；魏克塞尔说利率是政策工具，而费雪却说利率不是工具；马歇尔说需求定律是基本规律，可又说"吉芬物品"是个例外。再对比中国的现实："菲利普斯曲线"说低失业必导致高通胀，而中国今天低失业但并未高通胀；斯密说分工可提高效率，可时下中国的产业融合却势不可挡。如此等等，不一而足。

我对西方经济学的反思，首先是对某些理论命题提出质疑，同时也给出我认为正确的解释。当然我认为正确未必就正确，相信读者会有判断。为方便理解，这次与《反思》一同出版的还有我写的《经济学笔谭》。《笔谭》侧重介绍原理；《反思》侧重质疑与解析。要提点的是，若先读《笔谭》再读《反思》，对非经济专业读者也许会容易些。

余话不说，是为序。

王东京

二〇一六年七月二十五于北京大有庄

目　录

政府与市场 1

资源配置有两只手 3

市场为何失灵 7

外部性与顶层设计 12

政府的社会责任 16

谁是调结构的主体 20

厂商与消费者行为 25

需求定律与吉芬悖论 27

最大化的选择规则 32

创新驱动的体制安排 37

产学研脱节的症结 41

博导的功用：关于最大化的讨论 46

成本与收益分析 51

利润究竟为何物 53

从选择角度看成本 57

产业融合定理 62

两问融资成本 66

为中间商正名 71

稀缺性假设与竞争 75

稀缺资源如何配置 77

市场竞争到底争什么 82

追问马歇尔冲突 86

技术雇佣资本假说 90

不要误读价格歧视 95

供求均衡分析 101

怎样看均衡与非均衡 103

补贴农业的理由 108

消费者剩余由何而来 112

"性别平等"的经济视角 116

逆选择的真实原因 120

产权假设与交换 125

科斯的产权含义 127

公有制何以产生交换 131

从交换角度看分配 135

平均主义的产权推定 139

社会成本的内化路径 143

最优配置方法 147

定义"公平"的困难 149

基尼系数并非收入差距 153

幸福感与收入差距 157

政府补贴悖论 161

从税负转嫁看减税 166

公平分配原理 170

"帕累托最优"的要义 174

经济总量均衡 179

质疑凯恩斯"恒等式" 181

萨伊定律的困惑 185

菲利普斯曲线的疑点 190

奥肯法则不可照搬 195

产能过剩的隐因 199

"分享制"为何行不通 204

财政政策与稳增长 209

"李嘉图等价定理"之争 212

有三驾马车拉动经济吗 215

扩大消费的困难 220

产业政策千能 224

稳增长的重点 229

货币政策与通胀 235

利率不是政策工具 237

魏克塞尔的误导 241

通胀只是货币现象 ………………………… 245

贷款为何需要抵押 ………………………… 249

回归"一价定律" ………………………… 253

再说稳定汇率 ………………………… 257

开放经济与对外贸易 ………………… 261

中等收入何来陷阱 ………………………… 263

配第—克拉克定理并非定理 ……………… 267

斯密—李嘉图定理 ………………………… 271

"中心—外围论"存疑 …………………… 275

高关税的错觉 ………………………… 279

出口是为了进口 ………………………… 284

提　要

政府与市场

资源配置有两只手

当年亚当·斯密有个形象的比喻，说资源配置有两只手：一只是看不见的市场无形之手；另一只是看得见的政府有形之手。而且斯密说得清楚，资源配置应首先让看不见的手进行基础性调节；而在市场覆盖不到的地方由政府发挥看得见手的作用。

市场为何失灵

今天经济学家大多都认可市场失灵，目前的分歧在市场为何失灵？我看到的教科书有三点解释：一是信息不充分；二是经济活动有外部性；三是社会需要提供公共品（服务）。我不完全同意以上解释，至少我认为信息不充分与外部性不是市场失灵的原因，公共品会令市场失灵，但除了公共品，按要素分配也会导致市场失灵。

外部性与顶层设计

改革呼唤顶层设计，改革也离不开地方试验，可顶层设计与地方试验到底怎样分工？从理论上讲，就是如何处理"计划与市场"的关系。经济学说，计划与市场的边界取决于交易费用：若计划配置的交易费用比市场配置低就用计划，否则就用市场。同理，改革选择顶层设计还是选择地方试验，归根到底也是要看交易费用。

政府的社会责任

社会责任在政府与企业间究竟如何划分？经济学通常是从成本与收益两方面作权衡，而我则主张就从成本看。这不仅因为履行社会责任的收益难以考量，而且无论政府还是企业履行社会责任，其收益都一样；所不同的只是他们各自的成本。

谁是调结构的主体

调结构若由政府主导得有三个前提要成立：第一，政府要事先知道怎样的结构是好结构；第二，政府官员要比企业家更关注市场；第三，行政调节要比市场调节更有效。这三个前提成立吗？政府并非先知先觉，不可能提前知道怎样的结构是好结构，因而不宜作为调结构的主导。

厂商与消费者行为

需求定律与吉芬悖论

价格与需求是反向变化关系：价格上升需求下降；价格下降需求上升。若用坐标图描述就是那条向右下倾斜的需求曲线。照理，这定律不应该错，可自从马歇尔在他的《经济学原理》中提出"吉芬悖论"后，学界便产生了旷日持久的争论。而争论的焦点，是需求定律究竟是否有例外？

最大化的选择规则

经济学的基本定律是需求定律，它描述的是价格与需求的关系，其中价格是约束行为的条件，需求变化是价格约束下的行为结果。同时需求定律作为分析工具也可用来解释人类的其他行为选择。该定律的引申含义是：人类行为选择一定服从特定约束下的利益最大化。

创新驱动的体制安排

要推动创新，国家应重点资助科学研究与关系国家安全的高新技术研发，对一般民用技术研发机构应予断奶。不过为稳妥起见，不妨先设一个"过渡期"，分两步走：第一步，过渡期内财政仍拨给工资，但不再下拨课题经费；第二步，过渡期满研发机构即由事业单位改为企业，国家不再拨工资。

产学研脱节的症结

目前国内产学研脱节，原因是发明人不关心科技成果转化。而所以如此，是因为产权界定缺位，成果转化不体现发明人的利益。美国的经验，联邦财政资助研发的专利历史上也曾归政府所有，那时美国专利转化仅5%；而1980年"拜杜法案"将专利权下放给了研发机构后，则转化率一路飙升。

博导的功用：关于最大化的讨论

博导既非职务，也非职称，可为何国内大学要给教授评博导？思之再三，我想到的答案是博导对教授有激励作用。一个教授若不是博导，还不是最高级别的教授，于是为了评博导还得继续点灯熬油。从管理学的角度看，用目标激励代替督促，无疑降低了管理难度，也节约了管理成本，是"利益最大化"的一种设计。

成本与收益分析

利润究竟为何物

利润不是资本的报酬；也不是复杂劳动的报酬与财产权的报酬。利润究竟为何物？我的观点，利润是企业家的"租"。所谓"租"，在经济学里是指那种要素供给不变而收入可变的"收入"。众所周知，"租"最初出现于农耕社会，典型的"租"是地租，企业家"租"的定义也是由此而来。

从选择角度看成本

从选择的角度看成本可得出三点推论：第一，雇工的机会成本是放弃使用机器的收益，机器的收益越高，雇工的机会成本就越高，则机器代替人工是必然趋势；第二，选择传统能源的机会成本是放弃使用新能源的代价，若新能源更环保或者收益更高，则新能源替代传统能源不可逆转；第三，投资甲项目的机会成本是放弃投资乙项目的代价，所以不能以投资成本衡量企业是否暴利。

产业融合定理

企业选择产业融合，交易成本高只是必要条件；另一条件是最佳产量约束。我们知道，企业生产某种产品是有最佳规模的，若超出最佳规模，边际成本会高于边际收益企业就会得不偿失。这是说：只有当交易成本升高，而同时产量达到最佳规模时企业才会选择融合。此为"产业融合定理"。

两问融资成本

目前学界认为企业融资成本高，主要依据是银行贷款利率高于企业投资利润率；而信托融资利率又高于银行利率。我认为作以上比较毫无实际意义。懂财务的朋友知道，企业贷款利息作为财务费用是计入成本的，利息虽会增加企业成本降低投资利润率，但只要投资利润率大于零，无论贷款利率多高企业也不会亏损。

为中间商正名

衡量中间商利润要从机会成本看。所谓机会成本，是指作某项选择而放弃其他选择的最高代价。中间商选择贩菜，机会成本就是他放弃做其他事的收益。比某人打工年收 9 万，而他放弃打工去贩菜，则贩菜的机会成本就是 9 万，若他一年贩菜的收入是 10 万，那么你认为他得到的还是暴利吗？其实，今天很多人不去贩菜，那是因为他从事的职业比贩菜更赚。

稀缺性假设与竞争

稀缺资源如何配置

稀缺的资源让谁先能得到，要看配置规则怎么定。现实生活里配

置资源的规则很多：竞价购买是一种规则；排队购买或者抓阄是一种
规则；投票决定也是一种规则。需要研究的是，面对这些规则我们该
如何选择，或在何条件下选择何种规则。

市场竞争到底争什么

将竞争的理论分析引申到政策层面，有三点重要的推论：第一，
如果希望市场提供价廉物美的商品，就得鼓励卖家竞争，为此政府
必须改革妨碍竞争的体制机制；第二，鼓励买家竞争可提高配置资源
效率，为此政府应充分尊重出价规则，照顾穷人是政府的事而不能推
给市场；第三，定价事关买卖双方的权益，除了公共品，一般竞争品
价格只能由供求定，政府无须干预。

追问马歇尔冲突

垄断的实质是"觅价"，若如此，则垄断不会排斥竞争。事实上
为了取得高额利润，所有企业都有觅价（垄断）意愿，只是有的企业
有条件觅价，有的企业无条件觅价，但今天不能觅价不等于明天也
不能觅价。这样看，任何觅价者都有潜在的竞争对手，故垄断不仅
不排斥竞争，还会带动竞争。

技术雇佣资本假说

凡勃伦在《企业理论》一书中预言，伴随技术不断进步，企业权
力将逐步从资本家手中转移到技术阶层手中，企业由技术阶层控制，
形成技术雇佣资本的趋势。我推断，出现这一趋势必须具备两个条
件：资本相对过剩；技术相对更稀缺。而可观察的指标是：利率低于
通胀率，投资收益率低于利率。

不要误读价格歧视

价格歧视不同于差别定价，由产品与成本不同引起的价格不同是
差别定价；产品与成本相同而价格不同才是价格歧视。价格歧视是中

性概念，是供给稳定而需求不稳定所导致的结果。对此政府当坦然面对，不必用行政手段干预。

供求均衡分析

怎样看均衡与非均衡

瓦尔拉斯与马歇尔分析均衡的方法虽然有别，但推论相同：即经济能否均衡关键在价格怎么定。从局部均衡看，若希望某商品供求平衡，价格要由供求双方定；从一般均衡看，瓦尔拉斯说存在一组价格可让所有商品出清。他讲的"一组价格"是指商品比价，而商品比价又以各种商品价格为基础，归根到底价格也是由供求定。

补贴农业的理由

农业比较收益低的原因究竟为何？这不仅事关政府补贴农业的性质，也关系农民的切身利益。如果认定是由于农业有自然风险，则补贴农业就是政府的善举，这样政府就既可多补，也可少补；假如是另有原因而且与政府相干，那么补贴农业就不能看作是政府对农民的照顾，补多补少应听听农民的意见。

消费者剩余由何而来

消费者剩余是分工带来的收益，若没有分工与交换不可能出现消费者剩余；从数量看，消费者剩余等于买方意愿价与实际成交价之差。实际成交价是市价，买方意愿价要受生产成本与边际效用的约束，其大小不可能人为改变，政府不可能通过价格管制扩大消费者剩余。

"性别平等"的经济视角

假若社会对女性择业是基于比较优势，那么判断某行业是否有性别歧视就不能光看男女比例，关键是要看是否有限制自由择业的制度。若某用人单位明文规定只用男性不用女性，当然是性别歧视；若没有这种规定，该行业即便全是男性没有女性也非性别歧视。

逆选择的真实原因

较早关注逆选择的学者是格雷欣。在他所处的时代，黄金与白银皆作货币流通。格雷欣发现，当一种货币贬值时，另一价值较高的"良币"会被储藏；而价值较低的"劣币"却充斥市场。为何会有这种"劣币驱逐良币"现象？我的解释，所有逆选择皆是因为"价格锁定"。

产权假设与交换

科斯的产权含义

科斯在《社会成本问题》一文中提出了产权界定，他所说的产权不同于所有权。所有权是法权，指的是财产归属；而产权则是指除了归属权之外的其他三项权利：即使用权、收益分享权与转让权。从这个角度看，所谓明晰产权并非是改变所有权，而是明确财产的使用、收益、转让权。这是说，明晰产权与所有权是否私有无关。

公有制何以产生交换

马克思曾明确讲："私有权是流通的前提"，而中国以公有制为主体何以产生交换？我的观点是：马克思所讲的流通前提不是指生产资料私有，而是产品私有；由于所有权与产权可以分离，产品是否私有与生产资料归谁无关，只要明确界定产权，公有制与市场经济可以兼容。

从交换角度看分配

按要素分配是企业的分配原则，但进入到操作层面有一个难题，那就是资本、土地和劳动力参与分配的具体比例怎么确定？理论上讲，应该看它们各自的贡献，可我们怎知道不同要素的贡献呢？要解决此问题还得从交换入手，虽然我们不知道它们各自的贡献，但通过交换却可以确定。

平均主义的产权推定

10 年前我赴云南沧源调研，时任县委书记余炳武是我旧识，我们进行了一次直问直答的对话。我问：沧源农民为何不能致富？他答：当地农民观念滞后；我问：何为观念滞后？他答：农民靠天吃饭，温饱即安；我问：老百姓为何不想致富？他答：习惯了平均主义大锅饭；我问：为何平均主义积重难返？他答：佤族群众从原始社会直过而来，没有私产意识。

社会成本的内化路径

分配碳排权是将社会成本内化为企业成本的重要一步，但仅此不够，政府还得允许碳排权进入市场交易。若没有碳排权交易，不仅社会成本难以内化，而且目前大量碳排超标企业由于无处购买碳排权得立即停产甚至倒闭，失业增加，难免会造成社会震荡。

最优配置方法

定义"公平"的困难

公平作为一种价值判断，由于人们的文化背景、利益取向、收入状况不同，对公平的理解也会大为不同，于是对公平很难作出大家都接受的定义。不过公平虽然难以定义，但公道自在人心，对不公平的事却很容易看得出，尤其对身边的不公平，人们的判断往往能高度的一致。

基尼系数并非收入差距

政府公布的基尼系数并不是收入差距，基尼系数虽包含收入差距，但主要是财产差距。比如有人说中国 20% 的人口拥有 80% 的财富，这里的"财富"显然是指财产而非收入。若将基尼系数仅看作收入差距，那么只调收入而不调财产无疑是舍本逐末。

幸福感与收入差距

幸福作为一种主观感受不仅来自收入，也来自人们比较的参照。对扶贫来说，政府当然应竭尽全力，但不可能让所有穷人一夜脱贫。学界当前要做的是引导人们正视差距并通过勤奋劳动缩小差距，而不是过度渲染收入差距、鼓励攀比，那样做除了助长仇富心理，对社会和谐有害无益。

政府补贴悖论

以往的政府补贴名目繁多：如住房补贴；家电补贴；农机补贴；化肥补贴；农药补贴；燃油补贴等，我们无须怀疑政府发放补贴的初衷，但效果却往往事与愿违。如前几年政府为了资助穷人买房，拿出大量资金补贴建经适房。结果经适房穷人买不到，购房者多是富人，这样富人反而搭了穷人的便车。

从税负转嫁看减税

企业税负能否转嫁，关键在商品能否提价；而商品能否提价，又决定于需求是否有弹性。若我们把角度倒过来研究减税道理也相通：减税是政府对企业的补贴，这种补贴会否转移关键在商品会否降价，若能降价，减税的受益者是消费者；若不能降价，减税的受益者是企业。而决定商品会否降价的因素，则是需求弹性。

公平分配原理

英国经济学家庇古说，穷人的一块钱要比富人一块钱的效用更大，所以他得出的结论是：收入均等化能增进社会整体福利。但也有学者认为分配不仅要兼顾公平也要注重效率，绝不可顾此失彼。于是卡尔多提出了"假想补偿原则"；弗里德曼提出了兼顾公平与效率的"负所得税方案"。

"帕累托最优"的要义

所谓"帕累托最优"是指在某种既定资源配置状态下,任何改变都不可能使至少一个人的状况变好,而不使任何人的状况变坏。作为一种分析方法,"帕累托最优"的要义就一句话:只要不对市场实行管制,资源配置即可达到最优。反过来理解,若资源配置未达到最优,则必存在市场管制。

经济总量均衡

质疑凯恩斯"恒等式"

凯恩斯曾提出过一个著名的恒等式:储蓄等于投资。我认为"储蓄等于投资"并非铁律,也非总供求均衡的唯一条件。关于总供求均衡,我赞成马克思的分析。在《资本论》中,马克思将社会资本再生产分为生产资料与消费资料两大部类,他指出,社会总资本再生产,必须坚持价值补偿与实物补偿两个平衡。

萨伊定律的困惑

萨伊定律说:人们卖商品是为了买商品,即为买而卖,这样一种商品的出售,就意味着对另一商品的购买,于是供给可自动创造需求。而凯恩斯指出,在物物交换时代萨伊定律能成立;但当纸币出现后萨伊定律就站不住了。凯恩斯的理由是货币可以储藏,当人们卖出商品后如果不马上买,商品就会过剩。

菲利普斯曲线的疑点

菲利普斯通过分析英国 1861 年至 1957 年工资与失业的数据发现:名义工资率变动是失业率的递减函数。后来萨缪尔逊与索洛以菲利普斯的研究作基础,用通胀率替换工资率,提出了通胀率与失业率也是反向关系的推论，并冠名为"菲利普斯曲线"。我认为菲利普斯本人的结论是对的，但萨缪尔逊与索洛的推论却错了。

奥肯法则不可照搬

阿瑟·奥肯研究发现，一个国家的短期失业率与经济增长率之间呈反向变化关系，而且比值为 1：2。意思是说，失业率每上升 1%，经济增长率会下降 2%；若经济增长率提高 2%，则失业率会下降 1%。于是学界有人将近几年国内经济下行看作为失业的代价。我不同意这看法，经济增长下降失业率有可能上升；但失业上升经济增长却不一定下降。

产能过剩的隐因

产能过剩不能简单地归结于官员追求 GDP；也不能归咎于预算软约束。换位思考，要是你在地方为官，是否也希望造福一方？平心而论，若这些年地方官员不重视 GDP，中国怎可能成为全球第二大经济体？当然目前的产能过剩，也不能排除有追求 GDP 的因素，但这只是表象，其实背后还另有隐因。

"分享制"为何行不通

威茨曼被称为自凯恩斯之后提出有效对付失业办法的第一人，其代表作《分享经济》的核心观点就一句话：企业收益要由劳资双方按比例分享。虽然学界对此赞誉有加，可他的理论在西方却行不通。究其原因，受选票政治的束缚是一方面；而最难逾越的鸿沟是最低工资法。

财政政策与稳增长

"李嘉图等价定理"之争

李嘉图等价定理说：政府筹措资金对内发债与增加收税，其效果是等价的。理由是政府发债最终要靠增加征税偿还，故今天的债就是明天的税。我认为李嘉图等价定理只是有条件的对。具体条件是：第一，政府仅一次发债而不持续发债；第二，仅发短期国债而不发长期国债；第三，国债仅用于非生产性支出而不用于生产性支出。若无这三条限定，该定理不成立。

有三驾马车拉动经济吗

拉动经济只有"消费"与"投资"一驾马车，其中消费是"马"，投资是"车"，即"投资"得以"消费"为牵引。至于出口，那是国家间互通有无，若是进出口平衡，出口对国内需求的影响可忽略不计，一国经济能否持续增长，关键在扩内需而非扩出口，尤其是经济大国，更不可将"注"押在出口上。

扩大消费的困难

消费不同于投资，政府掌握着财政大权，一言九鼎，扩投资可谓易过借火；但扩消费不同，消费是个人行为，老百姓自己挣钱过日子，怎样消费怎会听政府招呼？政府总不至于搞强迫命令吧？不过换个角度想，政府虽不能直接干预个人消费，但却可通过一定的制度安排去引导。关键在于，这样的制度安排是什么？或者说要怎样设计才对？

产业政策干能

我说产业政策干能而非万能，原因是全球化后市场需求瞬息万变，产业政策跟不上市场变化；同时受利益驱动，地方政府对国家产业政策鼓励的行业纷纷给予优惠，而对要抑制的产业却消极应付、甚至暗里予以保护。有地方政府庇护，产业政策当然会失灵。

稳增长的重点

李克强总理强调"大众创业、万众创新"是一个重要信号，预示鼓励企业投资将成为今后稳增长的重点。在我看来，鼓励企业投资可一箭三雕：一是消化现有库存，二是创造就业、税收；三是便于用市场机制调结构，因为相比政府投资，企业投资更尊重市场。

货币政策与通胀

利率不是政策工具

经济学教科书皆说利率是央行掌握的三大政策工具之一；而且又说利息是货币的价格，利率高低要由货币供求定。实则不然，利息是"不耐"的代价而非货币的价格；利率由"不耐程度"决定也非由货币供求决定，并非央行的政策工具。当年教科书曾说"价格"是政府调节经济的杠杆，而今天"价格杠杆说"已销声匿迹，但愿"利率工具说"也能尽早引退。

魏克塞尔的误导

魏克塞尔说：由于货币的存在，实际利率往往会偏离自然利率，要想保持价格稳定就必须适时调控实际利率与自然利率保持一致。于是学界就有了"利率是政策工具"的说法。需要指出的是，魏克塞尔的分析是个误导，无论有无货币存在利率皆由社会的"不耐程度"决定，实际利率怎可能偏离自然利率呢？

通胀只是货币现象

如果一个国家生产过剩而又同时发生通胀，唯一原因是央行多发了钞票。这是说，通胀的成因就一个，由需求拉动。只要央行管住货币供应，成本不可能推动通胀，结构性物价上涨也不可能演变为通胀。其政策含义是，如果发生了通胀政府只需紧缩银根，切不可用行政手段直接管控价格。

贷款为何需要抵押

银行是企业但非一般企业。一般企业经营的是物质商品，企业对商品拥有使用权与所有权；而银行经营的是货币，银行对货币只有使用权而无所有权；同时贷款也不同于直接融资，发行股票或债券的风险由投资者承担，而贷款的风险则由银行承担，由此决定，银行贷款必须要有财产抵押。

回归"一价定律"

瑞典学者卡塞尔 1922 年出版了《1914 年以后的货币和外汇》一书，提出汇率应根据各国货币的购买力确定。他的理由是，假若世界上只有一种货币，那么在任何地方购买同质商品，花费都应该一样，此推论简称"一价定律"。这些年中美两国对汇率一直有争议，解决汇率之争必须回到"一价定律"。

再说稳定汇率

货币的功能就是计价、结算与储备。形象地说，货币就如同衡量长度的标尺，若计量刻度朝定夕改，变化不定，谁会用这样的标尺？同理，若一个国家的货币不稳定，谁也不会用它计价，更不会用于储备。学界正在热议人民币国际化，我认为人民币要国际化关键是币值要稳定。

开放经济与对外贸易

中等收入何来陷阱

当下经济下行原因有多方面：主要的，一是近年来欧美经济不济，中国对外出口受阻，外需明显减弱；二是国内产能过剩，调结构需要时间；三是中国已成全球第二大经济体，2005 年 GDP 达 67.67 万亿，基数如此之大，增速放缓不足为怪。显然，以上这些因素皆

与所谓"陷阱"无关，是特定时期的特殊问题。若硬性将这些问题与
"中等收入陷阱"挂钩，无疑是自求烦恼。

配第—克拉克定理并非定理

配第—克拉克定理说：一个国家随着经济发展，第一产业比重会
下降；第二产业比重会上升，跟着第三产业比重也随之上升。作为一
个学术观点，当然可以讨论；但值得注意的是，此定理并非定理而是
定律，只在特定发展阶段与特定分工范围内才成立，绝不可用第三
产业的比重作为衡量结构是否合理的标志。

斯密—李嘉图定理

有个大胆的想法，我认为可将斯密与李嘉图的分工原理作为结构
调整的通则，也可称作"斯密—李嘉图定理"。完整表述是："假如国
际贸易自由，一个国家按绝对（或比较）优势参与分工，结果不仅对
这个国家有利，而且可增进社会整体福利。"其实，此定理的结论斯
密与李嘉图早有论证，前提是国际贸易不存在限制。

"中心—外围论"存疑

普莱维什通过计算发现，1938 年前的 60 年穷国的贸易条件下降
了 36%，当初一定数量的初级产品可换 100 个工业品，现在只能换
64 个。于是他判定国际贸易明显对富国（中心国）有利而对穷国（外
围国）不利。在我看来这判断是错的，初级产品与制成品的比价下
降，是由于当时初级品供应相对充足，制成品相对稀缺；同时由于穷
国为了出口创汇，控制了出口品价格。

高关税的错觉

"高关税保护就业"不过是人们的错觉。表面看，高关税短期内
确实可限制进口，保护国内企业或就业；但想深一层，这样做不过是
让本国消费者补贴生产者。算大账，是损人不利己，也得不偿失；反

过来，若政府补贴出口，则是用国内财政补贴国外消费者，其补贴部分等于白送。

出口是为了进口

国内贸易若卖是为了买，那么国际贸易也一样，出口是为了进口。这推断不会错，一个国家若不想进口，出口的目的是什么？经济学讲参与国际贸易可享受国际分工的利益，是说你出口自己生产率高的产品而进口对方生产率高的产品可以双赢。若你只出口不进口，别人享受了你价廉物美的商品，而你不去分享他国高生产率的利益岂不是赔本赚吆喝？

政府与市场

资源配置有两只手

市场为何失灵

外部性与顶层设计

政府的社会责任

谁是调结构的主体

资源配置有两只手

当年亚当·斯密有个形象的比喻，说资源配置有两只手：一只是看不见的市场无形之手；另一只是看得见的政府有形之手。而且斯密说得清楚，资源配置应首先让看不见的手进行基础性调节，发挥决定作用；而在市场覆盖不到的地方，政府也应拾遗补缺，发挥好看得见的手的作用。

亚当·斯密虽讲得清楚，然而到上世纪 30 年代学界围绕计划与市场的关系却产生了争论。当苏联第一个计划经济体出现后，许多学者为计划经济大唱赞歌，而也有学者不以为然。奥地利经济学家米塞斯 1920 年发表文章指出，资源不可能通过"计划"优化配置。此观点后来遭到兰格等人的批评，而哈耶克却是米塞斯的坚定捍卫者，并直言不讳宣称计划经济是通往奴役之路。

1937 年是一个重要节点，该年科斯发表了那篇大名鼎鼎的《企业的性质》，其分析独具匠心。科斯说：资源配置在企业内部是计划；在企业外部是市场。于是科斯问：如果计划一定比市场有效，企业就会无限制地扩大，可为何没有哪家企业扩张成一个国家？相反，若市场一定比计划有效，企业就不应该存在，可人类为何会有企业出现？由此科斯得出结论：计划与市场各有所长，互不替代，两者的分工决定于交易费用的高低。

"交易费用"人们耳熟能详，无须我解释。科斯的意思是，资源配置用"计划"还是用"市场"，就看何者交易费用低。若计划配置比市场配置交易费用低，就用计划；否则就由市场配置。逻辑上科斯这样讲没错；可困难在于，交易费用高低是事后才知道的结果，事前难以预知计划与市场何者交易费用更低。既如此，又如何在两者间作选择呢？

这问题骤然听的确很棘手，不过仔细想，我们对交易费用其实并非全然无知。至少有一点可肯定，但凡市场失灵的领域，计划配置的交易费用就要比市场配置低。比如"公共品"的提供，由于公共品消费不排他，供求起不了作用。经验说，此时公共品若由市场配置，交易费用会远比计划配置高。为便于读者理解，让我举灯塔的例子解释吧。

灯塔属典型的公共品，显然，灯塔若由市场配置会有两个困难：一是难定价。由于灯塔消费不排他（你享用不妨碍我享用）；且不论多少人同时享用也不改变建造灯塔的成本，故市场无法给灯塔服务定价；另一困难，也是由于灯塔消费不排他，过往船只中谁享用或谁没享用灯塔服务无法辨别，于是给灯塔的主人收费造成了困难，若强收势必会引发冲突。

可见，无论是服务定价还是收费，由市场配置灯塔皆会产生额外的交易费用，这也是为何古今中外灯塔要由政府提供的原因。与灯塔类似，诸如国家安全、社会公正、助弱扶贫等也都具有公共品属性，为节省交易费用，此类项目也应由政府配置。今天中央强调"更好地发挥政府作用"，我理解，就是指在上述领域政府应当仁不让，承担起自己的责任。

是的，由于公共品（服务）不同于一般竞争品，它只能由政府配置。反过来，非公共品即一般竞争性资源的配置就应交给市场，政府必须走开。当然，这并不是说市场配置无交易费用，交易费用仍然有，但相对政府配置会低很多。想想从前的计划分房吧，曾经的种种摩擦过来人不可能忘记。今天所以用货币购房取代计划分房，重要一点，就是以往计划分房的交易费用太高。

写到这里，我想到了最近中央的一个提法："让市场在资源配置中起决定作用。"何为"决定作用"？对此学界有多种解释，而我认为有三个重点，第一个重点是让供求决定价格。价格是市场信号，价格若不由供求决定，市场信号不反映供求则资源配置必方寸大乱。令人遗憾的是，至今却仍有人坚持政府管价格，认为不如此就无法照顾穷人。其实，政府照顾穷人可给穷人补贴，是大可不必管价格的。管价格的结果只会适得其反，令短缺商品更短缺。

我认为的第二个重点，是由价格调节供求。事实上，价格调节供求的过程就是结构调整的过程。如某商品价格上涨，表明供应短缺，受价格指引企业会多生产；某商品价格下跌表明供给过剩，企业会少生产。这样看，生产什么或生产多少要由企业做主，政府不必指手画脚。要知道，政府并不知未来怎样的结构是好结构，官员也不会比企业家更懂市场。

另外再一个重点，是要素市场的开放。让价格引导资源配置，就得允许生产要素自由流动。试想，假若要素市场被固化，资本不能在行业间转移，价格又何以引导资源配置？那样让市场起决定作用岂不是一句空话？近几年中央三令五申，企业也纷纷要求放宽行业准入，可惜至今未能落实到位。斗胆建议，政府与其反复发文还不如明确规定，除了国家安全与自然垄断行业，今后其他行业无论国企民企进入一律无须审批。

市场为何失灵

亚当·斯密 1776 年出版《国富论》后的百多年里，学界对自由市场一直推崇备至。不承想，20 世纪初地球上出现了第一个计划经济体，跟着 30 年代西方又发生了经济大萧条，这两件事不得不让人们对市场进行反思。而 1936 年凯恩斯《通论》的出版，更是彻底动摇了人们的"市场信念"，很少再有人相信"市场万能"的神话。

是的，市场并非万能，这一点今天经济学家大多都认可。目前大家的分歧，是市场为何会失灵？我所看到的教科书对此有三点解释：一是信息不充分，二是经济活动有外部性，三是社会需要提供公共品（服务）。实话说，我不完全同意以上解释，至少我认为信息不充分与外部性不是市场失灵的原因，公共品会令市场失灵，但除了公共品，市场失灵还另有更深层的原因。

在我看来，学界今天大费周章地证明市场失灵，无非是想说明政府的存在不可或缺；或政府可以弥补市场缺陷。也正因如此，我不赞成将信息不充分作为市场失灵的原因。理由简单，因为信息不充分政府也会失灵。我是经历过计划经济的，大学时期总听教授讲"计划经济是全国一盘棋"，可那时重复建设造成的浪费却触目惊心。何故？请教过教授，教授说是由于政府信息不充分。

这就是了，既然信息不充分政府也失灵，我们怎能指望政府为市场纠错呢？事实上，在信息不充分的情况下，资源由市场配置比计划配置的代价要小得多。恰恰是由于信息不充分，资源配置才需要通过市场（试错），若信息是充分（或者对称）的，资源就可由政府配置，用不着市场。从这个角度看，我们不能把市场失灵归咎于信息不充分。

再看经济的外部性。不能否认，许多经济活动会有外部性，造纸工厂排放废水废气给周边造成污染，就是经济的负外部性。问题是，经济有负外部性市场就一定失灵吗？20世纪60年代前经济学家大多是这样看，其中最具代表性的经济学家是庇古，他对解决负外部性提出的方案是，先由政府向排污企业征税，然后补偿给居民。此主张曾一度成为政府解决负外部性的经典方案。

当然也有学者不赞成庇古。1960年，科斯发表了《社会成本问题》一文，他在该文中指出，只要产权能够明确界定，市场就能解决负外部性问题。并以上面的企业污染为例，科斯说：政府若对企业的排放权予以限制，或者明确赋予企业排放权，通过排放权交易一样可解决污染，市场不会失灵。

让我们再看第三个原因，即公共品。经济学说，公共品有两个显著特点：一是消费不排他，二是公共品的消费增加而成本却不增加。我们知道，灯塔是典型的公共品，1848 年穆勒在《政治经济学原理》中就是以灯塔为例解释市场失灵。他写道："虽然海中船只都能从灯塔的指引中获益，但要向他们收费却办不到。除非政府强制收税，否则灯塔会因无利可图而无人建造。"

穆勒之后，公共品会导致市场失灵本已成为共识。可1974 年科斯针对穆勒发表了《经济学的灯塔》，于是争论再起。科斯说，只要授权灯塔提供者可以向过往船只收费，市场就会有人提供灯塔。不过他的这一观点并未得到学界认同。萨缪尔逊就曾坦言，即便给灯塔提供者授权，收费也照样困难：由于灯塔的消费增加而成本不增加，灯塔服务无法定价；同时由于消费不排他，过往船只是否消费了灯塔难以判别，因而也无法收费。

萨缪尔逊的分析是对的。想深一层，政府若授权灯塔提供者收费，可正如萨缪尔逊所说，灯塔服务没有边际成本，怎保证灯塔提供者不漫天要价？此其一；其二，退一步讲，即使灯塔服务能够合理定价，但如果有船主说他凭借经验就可安全通行，用不着看灯塔，灯塔提供者凭什么向他收费？这样看，有公共品存在市场必失灵无疑。

前面我说，市场失灵不单因为存在公共品，除了公共品还有更深层的原因。原因是什么呢？我认为是市场的分配机制。这并非我的新发现，当年马克思在分析资本积累趋势时就讲过。马克思说，资本主义市场分配呈现为两极：一极是财富积累；一极是贫困积累。而且马克思断定，这种两极分化的结果必发展为阶级冲突，最后剥夺者要被剥夺。读者想想，这不是市场失灵是什么？

也许有人会说，马克思分析的是资本主义的市场分配，社会主义的市场分配不会两极分化。我可不赞成这看法。众所周知，市场分配的基本规则是"按要素分配"，只要要素占有或人们禀赋存在差别，收入分配就一定会出现差距，若差距过大就一定会产生社会矛盾。这是说，社会主义与资本主义的不同并不在于市场会否失灵，而在于政府能否主动调节并缩小收入差距。

将市场分配形成的过大收入差距看作市场失灵，理论上不应该错。今天中国政府提出实施扶贫攻坚战略，其实目的就是要弥补市场分配缺陷。有一个事实值得我们思考，以往计划经济时期人们的收入差距并不大，可为何搞市场经济后收入差距就拉大了？原因有多方面，但主要是与市场分配机制有关。

最后顺便说政府职能。市场失灵需要政府发挥作用，政府的作用为何？弗里德曼讲有四项：国家安全、社会公正、公共品与助弱扶贫。若从弥补市场失灵看，我认为政府的职能就两个：前三项为公共服务；第四项为调节分配。简言之：政府的作用一是提供公共服务；二是调节收入差距。

外部性与顶层设计

最近应邀参加一个学术会议，研讨"顶层设计与地方试验"，主题好，专家发言也有见地，只可惜听来听去却不见有人说清楚顶层设计与地方试验究竟是何关系？而且对"顶层设计"的理解大家也说法不一：有人认为顶层设计就是"最高层设计"；而有人则认为是泛指"上级设计"。这些问题到底怎么看，见仁见智，我这里说说自己的看法。

学界对顶层设计的关注还是近几年的事。不是说以往改革无顶层设计，举世公认，邓小平是中国改革的总设计师。这是说，我们的改革早有顶层设计，不仅从前有，而且一直有。既如此，为何今天要突出强调顶层设计呢？用不着去猜背后的原因，也不必相信道听途说，我的解释，是今天改革已进入深水区，我们不可能也不应该再像以往那样摸着石头过河。风险在加大，若无顶层设计，零打碎敲，改革将难以向纵深展开。

　　我说中国改革有顶层设计，不过客观地看，过去的诸多改革主要还是靠"地方试验"。所谓"突破在地方，规范在中央"，是对已往三十多年改革路径的基本总结。典型的例子是农村改革，当年的家庭联产承包可不是由顶层设计出来的，而是地道的农民创造。国企改革也如是，政府最初的思路是复制农村承包，以为"包"字进城一"包"就灵，可实际做起来却事与愿违，企业出现了普遍的短视行为。国企改革真正取得突破，是山东诸城的"股份合作制"实验。

　　是的，中国的改革能取得骄人的成绩，与地方试验密不可分。换句话说，若没有这些年地方改革的各显神通，就不会有今天的局面。于是人们要问：现在强调顶层设计是否意味着我们的改革已经到了"主要由地方试验"向"主要靠顶层设计"的转折点呢？如果是，那么促成这一转换的约束条件是什么？再有，如果说未来改革主要靠顶层设计，那么哪些方面的改革由顶层设计，而哪些方面的改革仍应鼓励地方试验？

　　这是亟待回答的问题。我的看法：顶层设计与地方试验两者并无冲突，可以并行不悖。改革需要顶层设计，但同时也需要地方试验。理由简单，顶层设计不是拍脑袋，要以地方试验作支撑，若无地方试验，顶层设计则无异于空中建塔，没有根基的设计是难以落地的。同理，地方试验也不可包打天下，有些改革仅靠地方试验难以成事，如当初计划体制向市场体制转轨，要是没有中央的顶层设计，靠地方的局部试验怕是无能为力吧?

改革呼唤顶层设计,改革也离不开地方试验,可顶层设计与地方试验到底怎样分工?从理论上讲,其实就是如何处理"计划与市场"的关系。经济学说,计划与市场的边界取决于交易费用:若计划配置的交易费用比市场配置低就用计划,否则就用市场。同理,改革选择顶层设计还是选择地方试验,归根到底也是要看交易费用。然而困难在于,交易费用难以计量,我们无法直接用交易费用作比对。

不能直接拿交易费用比较,那是否可用其他办法?间接的办法当然有,思来想去,我想到了两个角度,一是改革的"外部性"。比如说,若某项改革不仅让内部人受益,而且也能让外部人受益,则此改革具有"正外部性",这样内外受益,皆大欢喜,交易费用自然不会高,于是也就可放手让地方试验。相反,若某项改革只是内部人受益而外部人受损,此改革则有"负外部性"。有"负外部性"的改革,就不宜由地方试验而要通过顶层设计,否则一旦出现利益冲突,交易费用会大增。

这是一个角度,另一个角度,即是从利益的分配状态看。改革本身就是利益的再调整,在经济学里,利益配置是否最优通常是以"帕累托最优状态"衡量。而所谓"帕累托最优",是说利益分配达到这样一个状态,不减少一人的利益就无以增加另一人的利益。若非如此,不减少任何人的利益就能增加另一人的利益则属"帕累托改进"。由此，我的推论是：凡属"帕累托改进"的改革，可由地方试验；而要打破原有"帕累托最优状态"的改革，则需顶层设计。

以上角度虽不同，但结论却一致。若说得更明确些，但凡让他人利益受损的改革，均得通过顶层设计，不然不协调好各方利益必产生摩擦，改革就会举步维艰。回首以往的改革，农村改革之所以在地方试验成功，重要的原因是联产承包让农民受益而未让城里人受损，没有负外部性，是"帕累托改进"。而这些年政府机构改革之所以阻力重重，是由于有人受益而同时有人（那些被精简的人员）受损。也正因如此，所以政府改革需顶层设计。

不必多举例，有了上面的原则，其他改革便可依此类推。跟下来的问题，是怎样理解顶层设计。我的看法，顶层设计是指"最高层设计"而非"上级设计"。相对乡党委（乡政府），县委（县政府）是上级；相对县委（县政府），市委（市政府）是上级。显然，一旦改革有负外部性，地方政府很难自己平衡好。想想碳排放吧，大家都赞成"限排"，可若无中央顶层设计，一个县、一个市怎会主动"限排"？万一你"限排"别人不"限排"怎么办？再有，地方政府追求利税皆有投资冲动，请问"限排"的动力从何而来？

政府的社会责任

    从不隐瞒自己的观点，在我看来，社会责任首先是政府的责任，至少理论上是这样。当年亚当·斯密说政府是守夜人；而弗里德曼讲，让政府成为我们的仆人。这是说，不管作为守夜人还是仆人，政府承担"国家安全、社会公正、公共产品（服务）以及助弱扶贫"等社会责任义不容辞。

    然而近些年学界却大谈特谈企业的社会责任，给人感觉，似乎企业承担社会责任越多越好，多多益善，而我却不这样看，以往企业办社会我们有教训，痛定思痛，这问题值得慎重研究。

    当然，这并不是说政府必须大包大揽，也不是所有社会责任政府都得事必躬亲。比如助弱扶贫，政府可以自己出手；也可让企业相助。典型的例子是养老，早年的养老院皆为政府投资，而今天私人投资的养老院则比比皆是。公共品也如此，政府有责任提供公共品，但不等于政府就要直接生产公共品。

是的，社会责任既可由政府承担，也可让企业承担。那么企业怎样才算承担了社会责任呢？我之前在写《追问企业社会责任》一文中说过，关键是看企业行为是否有主观利他的动机。若企业是为了自己追求盈利，那肯定不是履行社会责任；若主观动机利他，即便有盈利也是承担社会责任。

这判断我今天仍不变。事实上，企业为了盈利，无论生产什么客观上都利他，不然商品卖不出，企业就不可能赚到钱。亚当·斯密有一句名言："酿酒师酿造香甜的美酒，并非出于他们的恩惠而是出于利己的考虑。"这样看，企业只客观利他不是履行社会责任，那是纯粹的商业行为。

有一种看法，认为企业只有"贴钱行善"才算履行社会责任，这看法其实是一种误解。企业捐助公益当然是履行社会责任，而且也应得到鼓励；但我不赞成将履行社会责任简单地等同于"贴钱行善"。要知道，企业作为市场主体得自负盈亏，"一次性"贴钱可以，长期贴钱怎么行呢？

于是这就带出了本文要讨论的话题。社会责任在政府与企业间究竟如何划分？经济学通常是从成本与收益两方面作权衡，而我则主张就从成本看。这不仅因为履行社会责任的收益难以考量，而且无论政府还是企业履行社会责任，其收益都一样；所不同的，只是他们各自的成本。

毫无疑问，以成本划分社会责任，思路肯定对；难题是生活中的成本种类多，五花八门，我们该选哪些成本作比较。这些天思来想去，与此相关的成本我认为有两种：一是沉没成本，另一是交易成本。沉没成本是指付出后难以回收的投资。比如装地暖，设备一经安装投资就算"沉没"了，日后地暖不用成本也收不回。

交易成本大家不陌生，简单说，是指达成一笔交易所花费的成本，其中包括信息收集、广告推介以及与市场有关的运输、谈判、协商、签约、合约监督等费用。显然，除了直接生产成本外，所有其他费用皆是交易成本。为了与生产成本相区别，故也有人称此为"制度成本"。

为何可用这两种成本划分社会责任呢？为方便理解，让我用案例做解释吧：

七年前我访问法国，听法国电力公司高管说，"法电"承担了社会责任。事情是这样，法国有边远地区的穷人用不上电，希望政府解决，而政府却就把这件事交给了"法电"，"法电"也欣然接受。为什么？"法电"回答是，政府直接供电需架设专线，而"法电"有输电网，只要政府按成本价给企业补贴，企业不赔又能履行社会责任何乐不为？

听明白没？在这件事上政府与企业所以能一拍即合：第一，是企业有现成的输电网，而当初建输电网的投资是沉没成本。既然投资已沉没，给穷人送电对企业来说不过是举手之劳；第二，政府按成本价给企业结算，政府节省了（架专线）

投资，企业也赢得了声誉，各得其所自然一拍即合。

由此看，企业乐意承担社会责任，是因为存在相关的沉没成本，若非如此，企业恐怕就不会那么爽快了。这里我想到的另一个例子是"垃圾焚烧"。垃圾处理事关公共环境，显然属于社会责任。可这责任该由谁承担呢？按上面的分析，若企业有焚烧设备（沉没成本）可交给企业，但若政府与企业均没设备怎么办？

这的确是棘手的问题，不过我认为仍可通过比较"交易成本"作选择。比如新建一间垃圾焚烧厂，设备投资（沉没成本）政府与私企也许相同，但由于政府投资建的是国企，私人投资建的是民企。前者花的是公款，后者是自掏腰包，预算约束不同交易成本定然不同，若国企的交易成本低就由国企承担，反之则由民企承担。

不过据我多年观察，一般来讲，民企的交易费用普遍要比国企低。也正因如此，所以诸如垃圾焚烧一类的社会责任我认为可交给民企。但要让民企肯接受，政府有两件事必须做：一是要承诺用财政资金购买民企的"服务"；二是明确界定权利，允许民企向垃圾排放方收取适当费用。二者可选其一，也可双管齐下，而总的原则，是要让履行社会责任的民企有盈利。

最后再多说一句：企业可以承担社会责任，但政府也不应置身事外，一推了之。天下无免费午餐，事可由企业办，钱得政府出。我这样讲读者朋友能同意吗？

谁是调结构的主体

众人皆说中国需要调结构，我也认为结构应该调，英雄所见相同，大家没分歧。不过再往下讨论，如结构由谁调、怎么调？学界的看法就大相径庭了。不久前参加《21世纪经济报道》举办的论坛，会上有人主张结构应由政府调，我当即表示不同意。不是说政府可以袖手旁观；而是受职能所限，政府实在不该担当调结构的主角。

关于政府的职能，弗里德曼认为主要有四项：即国家安全、社会公正、公共服务与扶弱济贫。归总起来，政府要做的其实就两方面：一是提供服务，二是调节分配。好比一场球赛，政府的角色是裁判，裁判只管比赛规则，而具体派谁参赛要由领队定，裁判不能管。调结构也如此，政府的职责是维护竞争公平，至于结构怎么调还得让企业定，因为企业才是经济活动的实际主体。

我不主张由政府主导调结构，另一个理由，是调结构若由政府主导得有三个前提要成立：第一，政府要事先知道怎样的结构是好结构；第二，政府（官员）要比企业（家）更关注市场；第三，行政调节要比市场调节更有效。问题是这三个前提成立吗？说实话，我本人的看法是否定的。想想吧，政府并非先知先觉，怎会提前知道怎样的结构是好结构？早些年，政府曾说电多了要限制上电厂；可过不多久又说电短缺到处拉闸限电，说明政府并无先见之明是不是？

说到官员与企业家谁更关注市场，是简单的问题，官员坐在办公室里看文件听汇报，而企业家却在市场里摸爬滚打，你说谁更懂得市场？再有，官员看错市场自己不赔钱，无关痛痒；而企业家呢，一旦投错了项目赔的是真金白银，利害攸关他们不关注市场行吗？倒是第三点，想来想去还是觉得不好一概而论，行政调节见效快，立竿见影，但却容易一刀切；而市场调节虽非一刀切，但见效慢，远水难解近渴。所以行政调节与市场调节哪个更有效的确要视具体情况定。

综合权衡，两害相权取其轻，故我认为政府不宜作为调结构的主体。可政府不作主体谁作主体？当然只能是企业。或许有人问，政府不知怎样的结构是好结构，难道企业家能知道？其实，企业家也照样不知道。于是问题就来了，既然大家都不知什么结构是好结构，为何调结构政府不能主导而企业可以主导呢？对此我的理由是，企业家比政府官员更关注市场，他们能根据价格变化去调整投资。

是的，价格是市场的风向标，它不仅由供求决定，而且同时也反映供求。某商品涨价，一定是该商品供不应求；反之则供过于求。如此，假若企业能按市场价格的指引去投资，所形成的结构，就应该是好的结构。至少，这样的结构在理论上是符合市场需求的。人们常说要发挥市场的基础性调节作用，何为基础性调节？说白了就是放手由价格引导资本流动，实现资源的优化配置。

以上讲的，当然是理想状态，在实际操作中，可能还会遇到意想不到的困难。比如，价格若不能真实反映供求怎么办？我这样提问并非杞人忧天。众所周知，当下我们某些商品还存在着价格管制，特别是对某些农产品与能源产品的价格政府至今并没放手，有些甚至还是直接定价。如此一来，价格被管制，市场信号就不可能真实地反映供求。而市场信号扭曲，按价格调结构岂不会南辕北辙？

写到这里，有个问题不妨追问一下，今天的结构是怎样形成的？近些年，我们一直在调结构，可结构为何总也调不好？说起来，原因当然是多方面，但不管怎样价格的行政管制怕是难辞其咎。不是吗？这些年各地对高能耗项目趋之若鹜，谁能说与能源价管无关？企业家不蠢，他们最懂成本核算，要是当初放开价格，能源价格高了高能耗项目会有人争先恐后地上吗？

很清楚，要让市场引导企业调结构，我们别无选择，当务之急是要尽快放开价格。只要政府不再直接管价格，价格就能真实反映供求，商品比价就会趋于合理。这样有了价格的指引，企业调结构自会水到渠成。由此看，政府放开价格，本身就是在调结构。因为产业结构最终要决定于商品的比价，而商品比价是否合理，关键又在价格是否反映供求。

是的，结构问题与供求密不可分，离开了供求谈结构，那是舍本逐末毫无意义。有一种流行的观点，认为中国结构问题的症结在第三产业发展滞后，理由是与第一、二产业比，第三产业占比偏低。奇哉怪哉！据我所知政府从未管制过第三产业价格，你凭啥说第三产业滞后？倘若第三产业真的滞后，供不应求价格一定上涨，价高利大企业怎会不投资呢？这道理说不通吧！

我曾多次说过，一个国家的结构不可简单地与别的国家比。美国第三产业比重是很高，但由于经济发展阶段不同，要素禀赋不同，我们怎可张冠李戴复制人家的结构呢？不错，配第一克拉克定理是说过，随着经济发展劳动力分布在第一产业会减少，第二、第三产业会增加。此乃结构演进的一般规律，没有错；但该定理并未回答第三产业占比多少算合理呀。

值得注意的是，时下不少地方信誓旦旦，均表示要大力发展第三产业。第三产业应该发展，无可厚非，但我们绝对不能拔苗助长。否则大家一窝蜂，地区间不讲分工将来结构肯定会雷同。因此解决结构问题最好还是回到供求上来，就两点：一是看市场需求（价格）；二是立足自己的绝对优势或比较优势。

厂商与消费者行为

需求定律与吉芬悖论

最大化的选择规则

创新驱动的体制安排

产学研脱节的症结

博导的功用：关于最大化的讨论

需求定律与吉芬悖论

　　经济学的需求定律说，价格与需求是反向变化关系：价格上升需求下降；价格下降需求上升。用坐标图描述就是那条向右下倾斜的需求曲线。这定律照理不应该错，可自从马歇尔在他的《经济学原理》中提出"吉芬悖论"后，学界便产生了旷日持久的争论。而争论的焦点，是需求定律究竟有没有例外？

　　让我们先看"吉芬悖论"是怎么回事。英国经济学家吉芬发现，1845 年爱尔兰发生大饥荒后，马铃薯价格大涨，可由于普通劳动者家庭买不起肉类品，只能转向消费马铃薯这类低档品，结果马铃薯涨价后消费不仅没减少，反而却增加了。马歇尔称此现象为"吉芬悖论"；而吉芬物品（低档品）也就成了需求定律的例外。

　　无独有偶，20 世纪 70 年代学界又有人称"奢侈品"也是例外。并以钻石为例，说钻石价格越高，购买者越多；反而价格低廉的钻石却少有人问津。而随着争论的持续，到今天学界提出的例外品越来越多，比如有学者说：下雨天雨伞涨价购买者却增多；股票上涨追涨者多，他们认为雨伞与股票等也都是需求定律的例外。

当然，坚持需求定律没有例外的学者也很多。美国经济学家斯蒂格勒（Stigler）1947 年就发表文章指出，在马歇尔时代，英国并无支持吉芬现象的证据。并且他还说：如果吉芬悖论是事实，则反过来无疑是说马铃薯价格越低，马铃薯的需求会越少，这种现象在真实市场怎么可能出现呢？所以他断定吉芬悖论只是一个假想而非事实。

我找不到英国 19 世纪末的相关资料，吉芬现象是否属实无从考证。不过换个角度想，吉芬现象是否存在其实并不重要，重要的是假如吉芬现象存在能否推翻需求定律？从科学角度讲，定律是不允许有例外的，假若有例外，哪怕有一个例外也就不是定律。问题是面对学界列举的上述种种现象，怎么证明它们不是需求定律的例外呢？

我认为弗里德曼的研究对我们有启发。1949 年，弗里德曼发表了《马歇尔的需求曲线》，此文有三个要点：第一，需求定律描述的是供给一定时价格与需求的关系，若假定供给不变，收入也不会变；第二，研究价格对需求的影响，即使收入改变也不应纳入需求定律考虑；第三，收入改变后产品需求有可能变，但此时应画另一条需求曲线，而不应看作需求定律的例外。

以上三个要点环环相扣，其中心意思是：影响需求变化的因素并不只是价格，其他因素变化也会引起需求变化，因此要研究价格变动与需求变动的关系就必须明确哪些因素可变而哪些因素不能变。对此弗里德曼的观点是收入不能变；而今天学界的看法，则认为影响价格变动的因素可变；但除了价格，其他可能导致需求变动的因素皆不能变。

影响需求的非价格因素是哪些呢？归纳起来有以下三种：

一是产品。产品价格不变，但如果产品有改变需求也会变。现实中不乏这样的例子，比如苹果手机，现在已升级到iPhone6。过去每升级一次价格就涨一次，而且需求也跟着增加。读者不要以为需求增加是由价格带动，iPhone5 与 iPhone6 是同一品牌，但两者却不是同一个产品。

二是偏好。产品价格不变，若人们偏好改变也会影响需求。以普洱茶为例，过去人们对普洱茶不了解，市场需求也不大。15 年前马帮进京，称此茶可降"三高"，妙不可言，结果一饼茶竟拍出了 160 万的天价。普洱茶从此声名远播，需求大增，是因为宣传推介改变了人们的饮茶偏好。

三是收入。读者都知道"恩格尔系数"，该系数说，穷人收入中用于低档品（如粮食等必需品）消费的占比相对高；富人收入中用于高档品消费的占比相对高。可推出的含义是：若人们收入水平提高，对高档品需求会增加；若收入水平下降，对低档品需求会增加。由此见，高档品与低档品的需求不单受价格影响，同时也决定于收入。

是的，研究价格变化对需求的影响，我们必须设定上述因素不能变。如果这些因素同时变，我们就无法确认需求变化到底是由何因素带动。换句话说，只要设定产品、偏好、收入等不变，价格变动与需求变动的关系就可用需求定律来表达，而且需求定律也不可能有例外。

让我们回头看"吉芬物品"。马歇尔承认"吉芬物品"是个短期的例外，但我认为不是例外。当时英国发生大饥荒后马铃薯价格上涨，穷人对马铃薯需求增加并非需求定律失灵，而是人们收入下降所致。正如弗里德曼所说，验证需求定律要假定收入不变，收入变了就应"另画一条需求曲线"。

再看奢侈品。用样以钻石为例，昂贵的钻石购买者多，廉价的钻石购买者少，这现象其实推翻不了需求定律。需求定律要求产品不变，而这里对比的却是两种品质不同的产品。如果我问你：同一品质的钻石价格越高你会买得越多吗？你若不会，那么钻石就不是需求定律的例外。

最后再看雨伞与股票。事实上，下雨天雨伞涨价购买者却增多，原因并非雨伞涨价，而是因为下雨改变了人们对雨伞的偏好，要是不下雨，雨伞的需求不会增加。股票呢？股票上涨之所以追涨者多，原因是为了投资套利，炒股者是投资者而非消费者，解释投资行为要用供给曲线而不能用需求定律。

　　学界列举的所谓"例外品"还有一些，这里不能一一回应。但请读者记住：只要坚守产品不变、偏好不变、收入不变，需求定律没有例外。

最大化的选择规则

　　经济学的基本定律是需求定律，它描述的是价格与需求的关系，其中价格是约束行为的条件，需求变化是价格约束下的行为结果。其实，需求定律作为分析工具也可用来解释人类的其他行为选择。该定律的引申含义是：人类行为选择一定服从特定约束下的利益最大化。

　　我写这篇文章要讨论的问题有两个：一是用"产权"作为约束，分析在不同产权安排下人类行为选择的一般规律；二是探讨这些规律对我们今天的国企改革有何借鉴意义。第一个问题是重点，第二个问题我会简单说。在展开分析之前，让我先解释"利益"与"最大化"两个概念。

　　顾名知意：利益要比利润的外延更宽，利益不仅指利润也指非经济收益。利润最大化是利益最大化，但不能反过来说利益最大化就是利润最大化。人们面临约束不同，最大化的追求会不同。比如企业家追求的是利润；做学者的追求的则是学术声誉；而官员追求的是政绩。对解释行为，利益最大化显然比利润最大化更实用。

何为"最大化"呢？经济学讲最大化，是指以最小成本获取最大收益（利益）：收益一定，成本越低越好；成本一定，收益越高越好。这是说，最大化要从成本与收益两个维度去考量，既不能只考虑收益而不计成本，也不能只考虑成本而无视收益。

明确了"利益"与"最大化"概念，我们再来讨论行为选择。若将产权作为约束，人们为了利益最大化会怎么做？回答这个问题，当然要看产权如何安排。我们知道，产权不同于所有权，所有权是法定归属权，产权指使用、转让与收益分享权。若把转让也看作使用，则产权等于"使用权"加"收益分享权"。所谓产权安排，就是指产权结构，具体说可以有四种组合：

组合一：有使用权，也有收益分享权。我想到的例子是中国农村的耕地。宪法规定，农村土地归集体所有，而 20 世纪 80 年代末的农村改革将耕地产权承包给了农民，而且一定 30 年不变。这就意味着 30 年内农民不仅拥有了土地使用权，同时也拥有了收益分享权。

组合二：有使用权，无收益分享权。这方面的典型例子是改革前的国有企业。国有的生产资料企业可以使用，但利润却要全额上缴。当年国企改革之所以从利改税起步（改上缴利润为上缴税收），目的是让企业缴税之后可以留存利润，实质是赋予企业收益分享权。

组合三：无使用权，但有收益分享权。比如20世纪90年代国内曾出现过一个非常特殊的群体，老百姓称之为"官倒"。他们倒卖土地、钢材以及各种紧俏物质的批文。其实，他们并不具有这些物质的使用权，也无须使用，而是凭借特殊身份或权力通过倒卖批文从中渔利。

组合四：无使用权，也无收益分享权。其代表性的例子是社会福利或公益机构，这些机构可接受社会捐赠，但捐赠品只能用于那些需要救助的人，机构工作人员自己既不能使用捐赠品，也不能利用捐赠品去谋取收益。

以上是产权结构的四种组合，这里要提点的是，若说某人（机构）对某资产有使用权，表明他使用该资产就是花费自己的成本；若说某人拥有收益分享权，表明他是在为自己办事。这样根据上面四种组合便可导出花钱与办事的四种类型：组合一是花自己的钱办自己的事；组合二是花自己的钱办别人的事；组合三是花别人的钱办自己的事；组合四是花别人的钱办别人的事。

此一转换重要，有了此转换我们就可用需求定律推断人类行为。前面说，人类行为是在特定约束下追求利益最大化，而最大化是以最小成本获取最大收益，基于此，我们便有以下推论：

推论一：花自己的钱办自己的事，既讲节约又讲效果。这些年我时常听说有人装修机关办公楼吃回扣，结果被人发现后受到处分甚至判刑。可是我从未听说有人因为自己家里装修吃回扣而被纪委双规，何故？自己家里装修是花自己的钱办自己的事，自己吃自己回扣岂不是发神经？

推论二：花自己的钱办别人的事，只讲节约不讲效果。有件事我从前一直不解，政府曾重拳打击假冒伪劣，可为何市场上假茅台屡禁不止？后经多方查访，才知原来是有人要用假茅台送礼，对假茅台有需求。人们为何要用假茅台送礼？因为送礼是花自己的钱办别人的事。只要够便宜，酒好不好喝他可以不管，酒能不能喝他也可以不管。

推论三：花别人的钱办自己的事，只讲效果不讲节约。读者想想，"八项规定"前公务消费为何有人敢一掷千金地盲目高消费？原因其实简单，那是花公家的钱办自己的事。而"八项规定"后高消费悄然降温，那是因为审计部门卡住了财务报销，堵住了公款消费的后门。

推论四：花别人的钱办别人的事，既不讲节约也不讲效果。前面讲到的办公楼装修就是花别人钱办别人事的例子，现实中类似的例子很多，道理也好懂，这里不再多解释。

最后简单回答第二个问题，即以上推论对今天的国企改革有何启示？主要有两点：第一，对所有权与产权可以分离的企业，政府最好将使用权与收益权一并界定，让企业既讲节约又讲效果；第二，如果由于特殊原因不能将使用权与收益权完全界定给企业，那么就得有严格的监督，否则不讲节约或者不讲效果的事恐难避免。

创新驱动的体制安排

中国经济步入"新常态"，其中一个重大改变是政府不再纠结 GDP。但不纠结不等于不重视，从官方的公开文献看，到 2020 年 GDP 每年增长 7% 左右仍是底线。所不同的是：以往经济增长主要靠投资、出口拉动；今后则主要靠创新驱动。

经济增长转换动力，牵一发而动全身，显然是明智之举。想想吧，当前国内产能过剩、结构失衡、出口受阻，不实施创新驱动何以打破眼前的僵局？若再拖下去，积重难返日后会更被动。由此看，实施"创新驱动"乃势在必行。这里要明确的是，创新包括体制创新与科技创新，而"创新驱动"到底是指哪一种创新？

若以"贡献"论，体制创新对经济的重要性毋庸置疑。有目共睹，过去三十年中国经济突飞猛进，体制创新居功至伟！不过我认为政府今天所说的"创新驱动"是指科技创新。并非我主观臆断，李克强总理去年以来多次讲话强调的就是科技创新；而且学界对此也无分歧。当前人们关注的焦点，是政府应如何支持科技创新。

要回答这个问题，首先得弄清何为"科技创新"。并不是咬文嚼字，因为对概念的理解关系到科技体制怎样改。最近查文献，发现大多都将"科技创新"解释为"科学与技术创新的总称"。说实话，这解释我不同意。技术当然可以创新，但"科学"却不能创新。科学研究揭示的是规律，规律只能发现，不可能改变。请问对"勾股定理""引力定律"我们怎么创新呢？

于是这就带出了本文的重点：第一，科学研究是发现规律而非创新，那么政府要不要出钱资助？第二，技术可以创新，可这是否意味着所有的技术创新都得靠政府投资？不知读者怎么看，我的观点是对科学研究政府应全额资助；而对技术创新，政府是否投资不能一概而论，要区分具体情况分别处理。

先说科学研究。科学研究需要政府资助，因为它研究的是基础理论。与应用性的技术研发不同，技术研发的成果是某个商品，而理论研究的成果则是某个原理或定理，由于没有商品载体，不能直接用于市场交换，因而难以通过市场取得回报。想想达尔文的"进化论"吧，"进化论"无疑是人类伟大的发现，可你见过有谁花钱买"进化论"吗？

另一个理由是从经济学角度看，科学研究的成果是"公共品"。所谓"公共品"：一是消费不排他；二是不存在边际成本。

科学研究我认为正好具备这两个特性。科学家发现的某个规律（或定理）一经公布，不仅使用不排他，使用人数的多少也与成本无关。比如"引力定律"，你使用"引力定律"，并不妨碍我使用"引力定律"，大家同时使用，发现"引力定律"的成本不会变。

以上两点读者若同意，对政府资助科学研究就不应该有异议了。目前学界一致的看法，现代市场经济政府的职能是四项：保护国家安全、维护社会公平、提供公共产品以及助弱扶贫。既然大家都认为提供"公共品"是政府的职责，而科学研究的成果又是"公共品"，这样看，政府资助科学研究不过是在尽自己的职责，义不容辞。

转谈技术创新吧。相对而言，技术创新的情形要比科学研究复杂些。技术创新虽属应用性研究，成果可以商品化；但也有特例，有些技术成果具有商品属性但却不能转让。这方面的例子多，最典型的是国防军工技术，由于事关国家安全，该领域的创新成果国家不允许转让。也正因如此，故国防军工技术创新通常得由政府投资。

除了国防军工技术，其他大量创新则是民用技术。民用技术与国家安全无关，创新成果也可有偿转让。问题就在这里，对此类可以转让的技术创新政府要不要资助？若听研发机构的意见，肯定要资助，而且是多多益善。而我的看法相反，成果既然可以有偿转让，那么就应该面向市场筹资，不能由政府包揽。

有数据说，我国技术专利的数量已连续四年居全球之首，去年专利申报达 92.8 万件；得到的专利授权 16.3 万件。是了不起的成绩。然而产学研脱节问题也很严重：专利转化率平均不足 20%；产业化率不到 5%；令人奇怪的是，如此多的专利成果无人问津，研发者却无动于衷。出现这种现象原因有多方面，但归根到底我认为在投资体制。你想，工资是由国家拨的，课题费是由国家给的，写了论文申请到了专利，已名利双收谁还重视"转化率"呢？

是的，要推动产学研融合，现行的投资体制必须改，不然研发机构就这样由政府养着，实现产学研融合将遥遥无期。但可以想到的是，一旦政府真的对研发机构断奶，相关利益当事人会出来反对。为稳妥起见，政府不妨以退为进，先设一个"过渡期"，分两步走：第一步，过渡期内财政仍拨给工资，但不再下拨课题经费；第二步，过渡期满研发机构即由事业单位改为企业，国家不再拨工资。

要特别说明的是，提这样的设想并非为政府卸包袱。创新驱动乃国家战略，政府不可能、也不应该置身事外。事实上，政府支持创新并非只有拨款一种方式：依法打击侵权保护创新者权益；为技术成果转化提供"中试车间"等也是对创新的支持。这么说吧，除了不拨经费，与创新有关的所有公共服务政府都可提供，而且必须提供。

产学研脱节的症结

　　时下人们对"产学研脱节"现象多有微词。公开的数据，我国每年受理专利申请 90 多万件，获得专利授权 16 万多件，连续四年居全球之首。可令人遗憾的是，专利转化率却平均不足 20%；产业化率更低，不到 5%。这样一方面政府拿真金白银支持创新，而大量专利成果却又束之高阁。花钱不得好，难怪人们会有抱怨了。

　　不过抱怨归抱怨，冷静分析，这现象其实也不足为怪。黑格尔有句名言：存在即合理。是的，某些貌似不合理现象存在，背后必有特定的"约束"。只是这些"约束"鲜为人知，所以才觉得不合理。生活中这样的例子多：比如人们常常抱怨收入差距大不合理，殊不知只要生产要素的稀缺性不同，按要素贡献分配就会有差距。差距大从道德看不合理；但从学理看则事出必然。

事实上，人们观察世界有两个视角：一是价值判断；二是实证分析。我的看法，研究经济要有价值判断，但同时也要有实证分析。比如研究人的行为，经济学讲，人的行为规律是"在特定约束下追求最大化"。这是说，追求最大化是人的行为共性，只是面对的约束不同，行为结果会不同。作实证分析，就是要找出那些约束"行为"的条件。约束条件找准了，行为也就被解释了。

与实证分析相对，价值判断是关于"好"与"坏"的认定。作为决策者，不仅要尊重价值判断，也要重视实证分析，否则难免头痛医头、脚痛医脚。比如价值判断认为某现象"不合理"，那么按实证的观点，我们要做的并不是直接改结果，而是先改约束条件。约束条件不变，改结果往往会适得其反。前几年有人认为肉禽价格高不合理，主张政府限价。设想一下，倘不改约束条件（增加供应），直接限价岂不会令涨价压力更大？

回头再说"产学研脱节"。其实，研究此问题也有两个角度：从价值判断看，产学研脱节无疑不合理，应当改进；但从实证角度看，这现象存在又有存在的理由。前面说过，人的行为规律是"在特定约束下追求最大化"，科技研发行为当然也不例外。问题是，造成这种脱节的约束条件为何呢？最近到南方调研，与科技人员多次座谈，大家认为主要有三方面：

一是成果评价厚此薄彼。以资金来源分，科技课题有政府纵向与企业横向两类。据湖南、云南等地科技部门负责人反映，目前科研院所评职称往往重"纵向"轻"横向"。在长沙座谈时就有科技人员说，他所在单位评职称，无国家课题近于免谈。

二是财政大包大揽。改革开放以来，国家财政对科技投入增长近百倍，特别是近五年，财政投入均增长20%以上。这些资金大多以课题形式投给了科研院所。国家既发工资又拨经费，科技人员高枕无忧自然不会再去关心科技成果转化。

三是公共服务平台短缺。目前科技成果难转化的另一原因，是"中试车间"等公共平台短缺。一项新技术从实验室到规模生产，通常需要中试。有数据说，新技术成果通过中试，产业化成功率可达八成；而未经中试成功率只有三成。困难在于，建中试车间一次性投入大，使用率低，科研院所与企业谁也不愿自己建中试车间。

我不否认，以上因素在某种程度上会妨碍科技成果转化，但这些并非是关键因素。想多一层，如果成果评价重"纵向"轻"横向"导致了产学研脱节，那么请问，为何有人评了职称也不重视成果转化？事实上，目前科技人员中多数都是有职称的。可见，用成果评价解释"脱节"不足为信。

再有，说财政包揽导致产学研脱节，我认为同样也站不住。可证伪的例子是，欧美国家财政也投资科技，可人家成果转化率却达70%—80%。从国内看，目前产业化取得成功的技术成果中，也有不少是由政府投资的。

至于中试车间，这件事说到底是一个谁出钱的问题。中试车间当然最好由政府建，即便政府不建，假若研发者产业化愿望强烈，而成果又有广泛的应用前景，建中试车间则易过借火。今天国内市场并不差钱，只要回报率够高，钱应该不难找。难就难在研发者自己对产业化缺乏动力，而成果又没有令人乐观的市场前景。

说我的观点吧。当下产学研脱节，真正的原因是发明人产权缺位。根据"约束条件下追求最大化"原理，发明人不关心成果转化，一定是成果转化不体现他们的最大化利益，否则断不会如此。可约束他们行为的条件是什么呢？这些日子思来想去，我认为是产权。事实确也如此。美国的经验，历史上联邦财政资助研发的专利曾归政府所有，那时美国专利转化仅5%，1980年"拜杜法案"将专利权下放给了研发机构，结果转化率一路飙升。

查阅过国内法律，2007年颁布的《科技进步法》，仿效美国，将政府资助研发的专利权也给了科研院所。照理，我们的专利转化率应该提升，可现实却让人大跌眼镜。何以如此？症结还是在产权。原来，国内的科研院所与美国不同，人家私人投资；我们国家投资，专利权下放不过是"大锅饭"变"小锅饭"。

分析至此，看来只有两个办法：一是取消科研院所的"事业"身份，让其自立门户；二是专利权继续下沉，让发明人直接享有专利转让的部分收益。前者要改体制，后者要改法律。相对来说，改体制千头万绪成本会很高；改法律呢？程序虽复杂但成本要低一些。若着眼长远，应该改体制；而当下可考虑尽快改法律。

博导的功用：关于最大化的讨论

自己从教数十年，对"博导"在国内为何会成为学术头衔从未深想过。家父在世时听说我是博导，曾问我博导是多大的官？我回答博导不是官，就是普通教授。家父又问，所有教授都是博导吗？我答他不是。见父亲一脸茫然，我只好改口，告诉他博导是大学里的最高职称。

家父自己目不识丁，但对断文识字的事看得重。当年我从学校毕业选择做教师，父亲连声说好、大加赞许。后来我做了教授，有邻居告诉他教授是大学里识字最多的人，父亲颇是欣慰，据说高兴得夜里睡不着。再后来我评了博导，父亲却不知博导为何物，问过不少亲友皆不知所然。

博导究竟是咋回事？曾扪心自问：博导是职务吗？不应当是。既无级别也无下属，博导不管怎样看都不是官；那么博导是职称吗？似乎也不是。比如人家美国，副教授甚至讲师就可带博士，这样把博导视为比教授更高的职称未免牵强，说不通。其实，博导就是一项差事，说白了，是指某个教师承担指导博士生的工作。

有趣的是，博导既非职务，也非职称，可为何国内要给教授评博导呢？思之再三，我想到的答案，评博导是对教授的一种激励。经济学说，人的行为一定服从约束条件下的利益最大化。比如企业家会追求利润的最大化；政府官员会追求职位的最大化；而大学教师肯定要追求职称的最大化。我认识在大学教书的师友无数，可从未听说他们有谁只愿做副教授，不肯当教授。

问题就在这里，当教师不同于从政，从政台阶多，副科正科，副处正处，副局正局……一路熬，最大化不易，故从政的为了职位最大化要终身勤勉；而当教师不同，只有讲师、副教授、教授三个台阶，人人都可最大化；而且一旦评上教授也就高枕无忧。按现在的职称制度，博士毕业先做讲师，两年后可评副高；五年后可升正高，这样 30 岁的博士去大学任教，若论文够数，40 岁前可升教授；论文少的 50 岁也能评教授。这样困难就来了，评上了教授，船靠码头车到站，校方怎么激励教授呢？

当然，教授自己有敬业精神。现在的大学里确有不少人评上教授后仍能专于学术；但不否认也有人会消极懈怠。早年一位在高校经济学院做院长的朋友告诉我，院里给教师们派课，年轻的讲师、副教授皆一呼百应；但一旦评了教授就判若两人，哪怕上月刚评教授，接受任务就推三推四。我对高校今天的状况所知不多，但相信这样的事不少，不然教育部就用不着发话要求教授给本科生上课了。

由此看，要激励教授就得设计出新的台阶，30 多年前，国人别出心裁，开始为教授评博导，你是教授若不是博导，还算不上最高级别的教授，没有达到最大化。于是教授们为了评博导又得点灯熬油再辛苦三五年，这三五年内不仅要多发论文，而且要听领导调遣。从管理学的角度看，用目标激励代替督促，无疑降低了管理难度，也节约了管理成本，是"利益最大化"的一种设计。

说评博导是为激励教授设计的台阶，不会错。但要追问的是，欧美国家为何不给教授评博导？难道是他们的教授无须激励？非也。曾访问过西方的大学，他们搞的是聘任制，除个别教授能签到终身合约，多数人都有任期，长则三年、短则一年，合约期满校方不续聘就得走人。而且，你在某大学是教授，换到别的学校未必还是教授，教授非终身，故为保饭碗人人自危，谁也不敢掉以轻心。

是的，聘任制也是激励，与国内评博导异曲同工。不过往深处想，两者却有差异：聘任制是打破终身制；评博导则是维持铁饭碗。两者谁优谁劣虽不好简单判断，但有一点可以肯定，聘任制是持续、重复的激励；而评博导是一次性激励，一次性激励虽然可取近功，但却难收长效。请问，在职称终身制下，教授评上博导后如何去激励？难道我们还要在博导之上再设什么台阶？

想来也是，照以往评博导的做法，一年评一批，博导多了见多不奇，激励作用无疑会递减。而根据经济学的最大化原理，如果不再创设新的台阶，一个教授当了博导功成名就，难免会缺乏进取心。大概也是因为这个原因，前几年人社部推出新规，将教师岗位分为七级（即一级岗、二级岗、三级岗等），实行评聘分开，一个教师从七级岗到一级岗，理论上至少需要二十一年。

不必说，分级聘岗的安排，显然也是依据最大化原理的设计，其精妙处在于：一个教师从入职起算，需二十一年才可能到达一级岗。如此一来，一个教师要想达到最大化，二十一年都得不断进取；而且由于岗位是动态的，三年一评，就算你今年聘到了一级岗位，待三年后又要重新洗牌，到时花落谁家却不得而知。因为有竞争，现在聘到一级岗的教授谁也不敢有懈怠。

由此看，对激励教师来说，评博导确实不如分级聘岗。博导一评定终身，评上博导就以为达到了最大化；而分级聘岗却如逆水行舟，不进则退。所以我认为分级聘岗比评博导更可取，不仅符合中国国情，而且有长久激励之效。两全其美岂不善哉！

成本与收益分析

利润究竟为何物

从选择角度看成本

产业融合定理

两问融资成本

为中间商正名

利润究竟为何物

并不是要刻意抠概念，自己历来不喜欢咬文嚼字，也不喜欢读那些从概念到概念的文章。不过研究经济数十年，深知概念的重要性，要是对概念理解不准，哪怕差之毫厘，则分析推理可能会失之千里。学界的朋友知道，重视概念界定是经济学的一贯传统。

在经济学里，利润无疑是个重要概念，那么利润是什么？人们从不同的角度，可以给利润下不同的定义。比如从收入构成看，利润是收入减去成本后的余额，马克思称为"剩余价值"，新古典称"价值剩余"；但若从投资回报看，劳动得工资，资本得利润，土地得地租。这是说，利润只是资本的报酬，并不是价值剩余的全部。

再考虑复杂些。假定企业家的投资不是自己的钱，而是从银行借的贷款，这样有了银行中介，资本的报酬就不是利润，而是利息了。此点萨伊讲得清楚："劳动—工资；资本—利息；土地—地租"。有人说，萨伊的这个"三位一体公式"马克思曾批评过，此话不假，但马克思批评的是"资本创造利息"，而并未否定利息是资本的报酬。

于是问题就来了，既然利息是资本的报酬，那利润不就成了无主孤魂？萨伊的看法，利润是企业家的报酬。而且萨伊之后的经济学家也大多持这种观点。原则上，我赞成将利润看作企业家报酬，但同时也有疑惑：企业家的管理归根到底也是体力与脑力付出，这方面与员工参与生产活动无异，企业家也同样领工资。既然企业家拿了报酬，利润怎么会是企业家报酬呢？

学界有一种解释：企业家管理活动是复杂劳动，除了拿工资还应得利润。我不认同这种解释。一个可证伪的事实是，工程师的劳动也是复杂劳动，可工程师并未参与利润分配。再者，劳动复杂程度是相对而言的：电工的劳动比清洁工复杂；文秘的劳动又比电工复杂。若按"复杂程度"论功行赏，利润就得由多数人分享，企业家是不能独占的。

然而事实却相反，"利润不归企业家"的例子我们一个也找不到。古往今来，利润索取权其实一直是由财产权决定，谁拥有财产权，谁才有利润索取权。既如此，我们可否说利润是财产权的报酬呢？骤然听似乎是，但细想又不是。若利润是财产权报酬，等量财产就应取得等量利润，可现实中拥有等量财产的企业，利润却千差万别。

行文至此，有三点结论可以明确：第一，利润不是资本的报酬；第二，利润不是复杂劳动的报酬；第三，利润不是财产权的报酬。那么利润究竟为何物？我的观点，利润是企业家的"租"。所谓"租"，在经济学里是指那种要素供给不变而收入可变的"收入"。众所周知，"租"最初出现于农耕社会，典型的"租"是地租，上面"租"的定义也是由此而来。

进入工业社会后，"租"已经多样化了，大致说有三种：一是类似地租的"经济租"，其供给要素是有形资产，如土地、房屋、机械设备等；二是"李嘉图租"，这类租与"经济租"不同，供给要素是无形资产，如人的才能（天赋）、商业品牌等；三是"权力租"，权力租显然与行政权有关，如取得政府行政许可的企业所获得的政策性盈利。此三种租有一个共同点：无论收入怎么变，供给要素皆不变。

我说利润是企业家的"租"，首先是利润中含有"经济租"，比如在相对的短期（一年）内，利润可能天天变，而企业固定资产却不变。正因如此，故经济学称固定投资为沉没成本。沉没成本不同于变动成本，特点是它不能作为"成本"补偿，要从利润中回收。而补偿沉没成本的利润，显然应该当"租"看。

除了经济租，利润中还有"李嘉图租"。以"阿里巴巴"为例。这几年马云赚得钵满盆满，投资当然重要，但关键是他比别人更早地看到了互联网物流的商机。要是马云没有这种独特的洞察力，仅靠砸钱绝不会有今天的成功。想想十年前，那时比马云有钱的老板多得是，如今"阿里巴巴"如日中天，而当时的很多大企业却在苦苦支撑，何故？差别就在企业家的才能。

至于利润中是否含有权力租，不好一概而论，有的企业可能有，有的企业可能没有，到底有没有企业家自己清楚，无须过多讨论。我这里要说的，也是本文的重点：即如果从"租"的角度看利润，在政策操作层面的含义是什么？或者说能给我们什么启示？我想到的有三点：

第一，若将利润当租看，固定投资就不能以计提折旧的方式进成本。比如某酒店，一间客房的市价是 200 元，每间客房的平均经营成本（工资、水电等变动成本）为 100 元，这样看酒店是盈利的；但如果把当初建酒店的投资折旧进成本，每间房摊 110 元，这家酒店就入不敷出、只能关门了。

第二，前面说了，租是一种变动收入，租的高低既取决于企业家的投资眼光（选对项目），也取决于市场对所提供商品的认可度。如果把利润当租看，企业家要多赚利润就得抢占市场先机；同时要把消费者当上帝，生产、经营、管理等一切活动皆要以满足消费者为中心。

第三，租的再一个特点，它是恒久收入。若把利润当租看，企业就不可急功近利，而应着眼长远打造自己的品牌。要知道，品牌是可创造收入的，品牌收入其实就是租。时下国内不少企业热衷于贴牌生产，我总想，这样借用人家的品牌给别人交租，何不自己创品牌收租呢？

从选择角度看成本

　　前篇文章写利润，这里再谈成本，其实我知道读者对成本不陌生，这里老生常谈主要基于两个原因：一是学界目前对成本的解释不一致，需要梳理和贯通；二是自己多年来对"从选择角度看成本"有些思考，希望与大家切磋。当然观点不一定对，算是抛砖引玉吧。

　　我看到的成本定义，说法很多，但归纳起来有两个：一个是指生产和销售一定产品耗费资源的货币价值，如原材料耗费、工资支出、固定资产折旧与管理费等，简称料、工、费；另一个是指作一种选择而放弃另一种选择的最高代价。显然，前者指的是价值耗费；后者则是从选择角度看成本，经济学称之为机会成本。

　　实不相瞒，怎样将以上两个定义贯通，这问题困扰了我很多年。三十年前，我做研究生时曾请教过教授，教授说，料、工、费是财务成本，机会成本是经济学讲的成本。怎么回事？难道财务成本与机会成本是两种成本？不应该呀。但若不是两种成本，两者又该如何打通？我翻阅过多种教科书，却始终也未找到答案。

时来风送滕王阁。做研究有时真得靠点运情与灵感。前不久赴广州调研，在参观一家工厂时老总介绍说，由于用工成本升高，他们正考虑用机器替代部分人手。一语点醒，我忽然想到财务成本原来可从选择的角度看。若果如此，财务成本当然也是机会成本。

说到机会成本，人们很容易想到的是李嘉图。当年李嘉图在论述分工时，提出了比较成本。所谓比较成本，是指生产某产品具有相对优势。举例说，某人既能耕种，又能织布，还能养殖，但生产效率却各不同。假定投入相等，耕种的收益为100元；织布的收益为150元；养殖的收益为120元。设若如此，他会选择织布，而织布的机会成本，就是放弃养殖的收益120元。

事实上，再往前追溯机会成本的定义最早应该来自亚当·斯密。至少可以肯定，李嘉图曾受过斯密绝对成本理论的启发。其实，绝对成本与比较成本并无太大差别，两者皆是作比较，只是比较的参照不同：前者是自己与别人比；后者是自己与自己比。所以在我看来，机会成本的最初源头是绝对成本。

到底机会成本最早由谁提出，读者可以再考证，而我这里要解释的是，财务成本为何是机会成本；更具体地说，财务成本中的原材料、工资、折旧费等，站在什么角度看它们是机会成本？由于工资成本最为典型，让我先说工资吧。

工资是企业雇工的费用，其高低由劳动力供求决定，看上去，工资成本似乎与机会成本无关。是的，单个劳动者的工资确实要由劳资双方定，但请注意，企业作投资选择的依据并非个别工资，而是总工资。以汽车组装厂为例，汽车组装既可雇人工做，也可用机器人做，雇人工得付工资，用机器人要购置设备。假如企业选择雇工，则雇工的机会成本就是机器人可带来的收入。

可见，雇工是有机会成本的，问题是雇工的机会成本与工资是何关系？回答此问题，还得借助上面的例子：假定用人工组装的收益是 1 000 万元，而使用机器人组装的收益是 800 万元，企业若选择雇工，其机会成本为 800 万元。换句话说，这 800 万元（机会成本）就是企业选择雇工可接受的总工资。若总工资低于 800 万元，企业会多雇工，否则就会少雇工。当总工资达到 1 000 万元，企业会考虑重新选择。

原材料成本与工资成本类似，只要原材料有替代，企业可以选择，使用原材料也有机会成本。比如煤、电、气三种燃料可相互替代，于是企业便有三种选择。若选择用煤，机会成本是放弃用电或气的代价；若选择用电，机会成本则是放弃用煤或气的代价。这个道理不难懂，我不多解释。

困难在怎样看折旧，折旧不存在选择，折旧怎会有机会成本？不过想深一层，企业建厂之初买何设备却可选择，从这个角度，设备投资也有机会成本。但要提点的是，企业在选项目时设备投资是成本，但一旦投产则为沉没成本。经济学讲沉没成本应从利润回收，不能作成本补偿。这是说，折旧费并非成本，当然也无机会成本。

综上分析，从选择的角度看，所有成本皆可理解为机会成本，如此一来，成本的定义也就贯通了。但贯通定义只是目的之一；本文的另一目的，是要推出下面三点结论：

结论一：机器代替人工是必然趋势。雇工的机会成本是放弃使用机器的收益，机器的收益越高，雇工的机会成本就越高。现实是，从最初的半自动机器到后来的全自动机器、再到今天的智能机器，其生产效率越来越高，于是雇工的机会成本也不断升高。很多人以为机器替代人工是因为人工成本高，恰恰相反，是机器收益高而推高了雇工的机会成本。

结论二：新能源代替传统能源不可逆转。选择一种能源的机会成本是放弃使用其他能源的代价。伴随科技进步，各种新能源逐步出现，如传统的能源是煤；后来慢慢便有了电、油、气，而今天又开发出了各种生物能源，经验表明，新能源不仅比传统能源更环保，而且收益也更高。

结论三：反暴利或管制价格徒劳无益。投资某项目的机会成本是放弃投资其他项目的代价。如投资甲项目收益是一亿元，投资乙项目收益是 9 000 万元，则 9 000 万元就是投资甲项目的机会成本。判断企业投资是否暴利，不能以投资多少论，而应从机会成本看。任何以投资少为由批评企业暴利的言论，皆属无稽之谈。

产业融合定理

若问何为 2.5 产业？我赌多数朋友答不出。上月赴宁波调研，在一次座谈会上"博高国贸"的老总说他公司所从事的既非第二产业，也非第三产业，而是介于二产与三产之间的 2.5 产业。闻所未闻，让人耳目一新，听说宁波类似企业不少，是有趣的经济现象，值得为文分析。

事情是这样："博高"之前是一家专事外贸的企业，早年政府对进出口有管制，日子还算好过，后来进出口放开，一下子遇到了生存危机。出口手里没产品，投资办厂又没本钱，所幸的是熟悉海外市场，于是招兵买马、组织团队针对海外需求研发新产品。工厂还是不办，研发出新产品后委托别人加工，自己负责出口。员工不到 80 人，去年销售近 2 亿，利润钵满盆满。

"博高"的成功，秘诀是将公司业务从原来的"三产"拓展到了"二产"，用经济学行话说，叫"产业融合"。在宁波考察，这种"产业融合"的企业屡见不鲜，当然不单是"三产"与"二产"融合；也有"二产"内不同行业的融合。后者的典型代表是"得力"。"得力"创立于1988年，最初只生产各种笔品，后来产业转向融合，如今产品已覆盖12大品类。除了电脑，传真机、打印机、点钞机等一应俱全。

于是就带出了本文的话题：怎样看待产业分工与融合？亚当·斯密当年写《国富论》，开宗明义就讲分工。并以制针为例，斯密说，制针有18道工序，如果一个人独立作业，一天恐难完成一枚；但如果分工，让某人专事某道工序，每天可完成4800枚。可见分工的威力有多大！所谓熟能生巧，说的就是这意思。

从劳动分工到产业分工，道理相通。如种植业与纺织业分工，便出现了"一产"与"二产"；而"二产"内部钢铁、汽车、化工等分工，又形成了不同的工业产业。所以如此，都是因为分工能提高效率。要追问的是，既然分工能提高效率，可为何今天会出现产业融合呢？如前面提到的"博高国贸"将"三产"融入"二产"，而"得力"却将不同的制造业加以融合便是例证。

"互联网+"是产业融合的另一个例子。互联网最初功能是信息传播，属传媒产业。10年前开始与物流融合，便产生了"阿里巴巴""京东商城"等一批"电商"。在宁波期间，我看到许多制造企业也在加互联网，据说里面商机无限。对互联网与工业制造我是外行，不去说具体的商机。这里想讨论的是，产业融合是怎样发生的？或说在何条件下只分工而不融合？

先说分工吧。对分工与交换的关系，学界一直有争议：一种观点认为是交换决定分工；而另一种观点则认为是分工决定交换。到底谁决定谁？若分工是指产业分工，我赞同前者。举例说，甲乙两人同时种粮和织布，彼此没分工，但由于禀赋有差异，甲生产粮食多，织布少；而乙织布多，生产粮食少，这时甲很可能会用多余的粮食与乙换布，于是交换就产生了。相反，要是没有交换，则分工不会形成。还是上面的例子。假如分工甲专种粮，乙专织布，若甲与乙不能交换，结果甲没衣穿而乙没饭吃，如此就不会有分工。

由此看，说交换决定分工是对的，大量的经济史实也足以印证这一点。不过沿着这个逻辑想，新的问题又来了：相对200年前，今天的交换不知要发达多少倍，照理分工应更深入才对，然而令人奇怪的是，现实中却反而出现了产业融合。为何会这样？难道前面"交换决定分工"的分析错了？若是没错，时下方兴未艾的产业融合又怎么解释？

思考再三，我认为不仅交换决定分工没错，而且理解产业融合也得从"交换"入手。事实上，交换不仅决定了分工，也决定了"融合"。这里的关键，是"交易成本"。科斯在《企业的性质》中曾说，企业是市场与计划的边界，企业的存在，是为了节约交易成本。为何这么讲？因为企业外部是市场，内部是计划，当外部配置资源的交易成本高于内部配置，才会有人办企业。

受科斯启发，我认为也可用交易成本解释产业融合。是的，产业分工越细，交易环节就越多，而交易环节增多必推高交易成本。想想早期的纺织厂，那时纺纱、织布、印染不过是企业的三个车间；可后来分工了，三个车间成了三个独立的厂。如此一来，不仅织布厂与纺纱厂要交换；印染厂与织布厂也要交换，这样交易成本必升高。也正是为了节省交易成本，才出现了今天的产业融合。

也许有人问，既然分工推高了交易成本，可为何至今多数企业并未选择产业融合呢？我的回答：交易成本高只是必要条件；另一条件是最佳产量约束。我们知道，企业生产一种产品是有最佳规模的，若超出最佳规模，边际成本会高于边际收益，得不偿失，企业就得另辟蹊径。这是说：只有当交易成本升高，而产量达到最佳规模，企业才会选择融合。本文称此为"产业融合定理"。

是这样吗？应该是。让我们回头看"博高"与"得力"。很明显，"博高"融合三产、二产，一是自己研发新产品可减少代理出口的谈判费用；二是能以销定产，确保边际收益不低于边际成本。而"得力"旨在做综合供应商，降低交易成本是一方面；更重要的是企业无论做多大，单品生产皆可不突破最佳规模。

两问融资成本

目前国内融资成本究竟高不高？学界的观点几乎一边倒，认为融资成本不仅高，而且已危及实体经济。最近在南方与企业家座谈，企业家的看法也如是。甚至有地方官员说，融资成本若不降下来，会有不少企业要歇业。事态的严重性我不怀疑，但我认为有两个问题要探讨：怎样判断融资成本高低；怎样降低融资成本？

分两刀斩：让我先说第一点。据我所知，时下人们认为融资成本高，主要是银行贷款利率高于企业投资利润率；而信托融资利率又高于银行利率。事实确也如此。我看到的数据：去年工业企业利润率平均为 5%，银行贷款利率为 6%；信托融资的利率更高，平均达 13%—20%。所以有企业家抱怨，现在企业纯粹是在为银行打工。

从数据看，国内融资成本确实不低。不过我有个疑问，融资成本高能否这样判断？或者说银行利率高于投资利润率，企业是否一定会亏损？细想应该不是。举例说，某企业投资一个亿，其中自有资金 7 000 万，贷款 3 000 万。若投资利润率 5%，则利润为 500 万；若贷款利率 6%，贷款利息为 180 万。两相比较，利润比利息多得多。

想深一层，作以上比较其实并无实际意义。懂财务的朋友知道，贷款利息属财务费用，企业是计入成本的。企业利润是销售收入减成本后的余额，而利息已包含在成本之中，当然无须再从利润中扣除。由此看，贷款利息虽会增加企业成本，降低投资利润率，但只要投资利润率大于零，无论贷款利率多高或支付多少利息，企业也绝不会亏损。

上面讲这些并不是反对降融资成本，我的意思是，判断融资成本高低不能用贷款利率与投资利润率比，风马牛不相及，不存在可比性。前些天在宁波调研，在一次企业家座谈会上我问银行利率高不高？你猜怎么着？众口一词，皆说目前银行利率不算高。我知道那天参会的代表都来自效益好的企业，要是效益不好，他们不会这么说。

由此我想到另一问题：银行利率到底该不该降？若是降，企业融资成本会下降。但可以肯定，一旦利率下降信贷资源会更短缺。大家想想，目前 13%—20% 的信托利率都有人接受，说明信贷僧多粥少。若银行利率再调低，无异于火上加油。再者，利率作为市场信号，要引导信贷优化配置，若无视供求调利率，利率的作用何以发挥？

转谈第二点，怎样降低融资成本？说过了，我不反对降低企业融资成本，也不反对降利率。不过与众多企业家的观点不同，我不赞成央行直接降利率，而是主张通过改变信贷供求，让市场调利率。虽然结果一样，但政策操作重点却大不同。

学界一直流行一种说法，央行有三大政策工具：一是利率（贴现率）；二是准备金率；三是公开市场业务。后两个当然是工具，但利率无论如何不能作工具用。当年做研究生时，我就对这问题有困惑：一方面，教科书说利息是资金的价格；而同时又说利率是政策工具。这不是自相矛盾吗？既然利息是"价格"，利率怎可当工具使用？

最近又有学者说，目前物价水平低位运行，基础利率存在下调空间。并断言，只要央行调低基础利率，商业银行贷款利率便会下降。我认为这看法纯属异想天开。怎么可能呢？今天6%的利率企业贷款争先恐后，商业银行怎会以低于6%的利率放贷？若政府出面强制，托关系、找门路等寻租行为将层出不穷。羊毛出在羊身上，算总账，企业融资成本未必能降低。

我的观点，利率只能由市场定。经济学发展数百年，对利息的定义说法不一，而我则赞同费雪。费雪说：利息是"不耐"的代价，人们越是急于花钱，"不耐程度"越高，需付的代价就越高。我认为费雪的定义是对的。比如目前信托利率高出银行利率不止一倍，可为何还有企业从信托机构融资？合理的解释，是这些企业的不耐程度比别的企业更高。

从市场角度看，人们的"不耐程度"最终要体现在货币需求上。不耐程度越高，对货币需求会越大。这是说，所谓"不耐程度"决定利率，也可理解为"货币需求强度"决定利率。货币需求强度上升，利率会上升；货币需求强度下降则利率会下降。由此引申到政策层面，其含义是央行若希望下调利率，首先得增加货币供应以降低货币需求强度。若货币不增，单降利率除了引发恶性竞争，怕是徒劳无益。

是的，就降低企业融资成本而言，选择降息不如选择降准。下调存准率，商业银行信贷供应可增加。当然，央行也可通过公开市场操作增加货币供应。近几年推行积极财政政策，每年国债皆在万亿以上，央行若能在二级市场回购部分国债，货币供应也会增加。可以想见，只要增加货币供应，整个社会"不耐"会缓解，利率会下降。殊途同归，企业融资成本也会降低。

当下的难题，是政府的"稳健货币政策"能否微调？央行已明确，今年货币（M_2）供应增长为 12%，依据大概是弗里德曼的"单一规则"（货币增长等于经济增长加劳动力增长）。按年初的预想，经济增长 7%，劳动力增长 5%，货币增长正好 12%。而我的想法，货币供应似可稍宽松些，比如让 M_2 增到 13%—14%。目前 CPI 不到 2%，而控制上限是 3.5%，这样倒是用不着担心通胀。

为中间商正名

今天的大多权威教科书都说成本可以决定价格，理由是价格等于成本加利润，所以成本升价格会跟着升。这说法虽不算错，但却隐含着一个前提，那就是商品供给短缺。若商品供大于求，成本上升价格却涨不了。而且我的看法，在多数情况下成本并不能决定价格。

是的，价格要由买卖双方定，不由卖方一家说了算。举个例子说吧，某商贩驾车到菜市卖鱼，结果由于交通违章被罚款，于是贩鱼成本增加。请问，商贩若将罚款摊进鱼价你会怎样？结果有两个：一是如果市场鱼供短缺，且只此一家别无分店，那么你没得选，只好接受涨价；二是如果鱼供充足而且过剩，你定会另寻卖家而拒绝加价。

这例子告诉我们，商品短缺价格可由卖方定，成本升会推高价格；相反若商品过剩，价格则由买方定，成本升价格却涨不了。依此推，若将商品分为农产品与工业品两类，农业作为上游产业，农产品涨价会加大工业品成本，那么工业品的价格是否也会涨呢？答案是，工业品若短缺价格会涨；若过剩价格则涨不起来。显然，前几年那种认为通胀是由农产品涨价推动的说法不过是成本决定价格的翻版，是错的。想想吧，今天工业品普遍过剩，消费者怎会出高价呢？而大家都不肯多出钱，价格自然不会普遍涨。

另有一种看法，认为涨价的推手是中间商，此乃本文要讨论的重点。以北京的蔬菜为例，有一次参加市人代会，许多代表对北京的菜价意见大，口诛笔伐。而市府官员回应，说北京菜价居高不下是因为中间商加价太多。据称，一斤萝卜从宁夏卖到北京，销地价是产地价的 8 倍。这样北京市民多付了钱，而宁夏农民却没赚到，利润归了中间商。该官员的言下之意，北京的高菜价似乎是中间商作祟，要降价就得打击中间商。我不知他想如何打击，而我要说的是，北京的高菜价其实与中间商无关。

并非我要为中间商辩护。的确，北京的高菜价不是中间商的错，归根到底，是北京自己的菜供短缺。如果菜供充足，中间商怎能把价格加上去？3 元一斤的萝卜你可随便买，你不会出 5 元买中间商的萝卜吧！可见，把菜价高的责任推给中间商，不过是移花接木转移视线，对解决问题无益。我敢肯定，假如没有中间商，北京的菜价反而会更高；外地菜农的收入会更低。

何以见得？我的分析是这样。上文说，北京菜价高的根本原因是蔬菜不能自给。我没做专门调查，但听业内人士说北京 70% 的蔬菜要靠外地供应。若此话当真，那么没有中间商长途贩运，北京菜供就会短缺 70%。这么大缺口，菜价会涨到哪里去我不敢想象！说实话，在我看来中间商不仅不是北京高菜价的推手，反而对降低菜价有功。若不是中间商相助，北京市民买菜的开支一定比现在大得多你信不信？

转从菜农的角度看。有人说，北京菜价如此之高，可外地菜农却没赚到多少钱。猛然听，似乎没有中间商菜农就可以多赚点。是这样吗？当然不是。恰恰相反，假如没有中间商，蔬菜运不出去，菜农会赚得更少。要知道，中间商长途贩运是在拉动需求，没有这部分需求当地菜价会更低。说我自己的观察。我老家在洞庭湖，是有名的鱼米之乡，可早年农民养鱼总卖不起价。有一年，城里来了很多鱼贩下乡收购，说要把鱼贩到广州，结果令鱼价大涨。虽然鱼贩在广州也许赚得更多，可农民也不觉得吃亏呀！

再说中间商利润。不错，若将中间商与农民比，中间商确有可能比农民赚得多，但赚得多未必就是暴利。事实上，衡量中间商利润要从机会成本看。所谓机会成本，是指作某项选择而放弃其他选择的最高代价。中间商选择贩菜，机会成本就是他放弃做其他事的收益。比如某人打工年收 9 万元，而他放弃打工去贩菜，则贩菜的机会成本就是 9 万元，若他一年贩菜的收入是 10 万元，那么你认为他得到的还是暴利吗？其实，今天很多人不去贩菜，那是因为他从事的职业比贩菜更赚，难道政府也要去打击吗？

最后让我归纳本文要点：第一，价格要由供求双方定，若商品供不应求，成本可决定价格；但若商品供过于求，则由需求决定价格，价格决定成本；第二，商品涨价的原因是供给短缺，应对的办法是增加供给而非限制价格；第三，中间商与商品涨价无关，政府断不可对中间商大动干戈。

稀缺性假设与竞争

稀缺资源如何配置

市场竞争到底争什么

追问马歇尔冲突

技术雇佣资本假说

不要误读价格歧视

稀缺资源如何配置

"资源稀缺"是经济学的一个重要假设。在经济学看来，但凡有效用的物品皆为资源；而所谓稀缺资源，则是指那些多胜于少、有胜于无的物品。此类资源有个显著特点，即使用者之间存在竞争。学界曾有人质疑：世上并非所有资源都稀缺，经济学为何要假设"资源稀缺"？

说世上不是所有资源都稀缺是对的。江上清风、山间明月也是资源，可它们取之不尽、用之不竭。其实，这一点并非经济学家不清楚；恰恰相反，正是因为有些资源不稀缺，经济学才作这样的假设。此假设的意思是：不稀缺的资源无须研究，经济学只研究稀缺资源的配置。可见，此假设不过是要给经济学划出研究的范围。

倘如此，于是就带出一个问题：既然经济学研究的是稀缺资源，那么稀缺资源如何配置？换句话说，在资源供不应求的情况下，有限的资源应优先配置给谁？

这问题显然与资源配置的规则有关。规则不同，配置结果会不同。以自行车比赛为例。比赛要分胜负，就得定规则，自行车比赛规则有两种：一是看谁骑得快（比速度）；另一个是看谁骑得慢（比车技）。若采用第一种规则，年轻人胜出的机会多；但若采用第二种规则，中老年人也可能会胜出。

资源配置也如是。稀缺的资源谁先能得到要看配置规则怎么定。现实生活里，配置资源的规则很多：竞价购买是一种规则；排队购买或者抓阄是一种规则；投票决定也是一种规则。需要研究的是，面对这些规则我们如何选择？或在何条件下选择何种规则？

有一种观点，说市场经济下最佳的资源配置规则是竞价。不能说这观点不对，但不全对。我的看法，配置规则的选择要受资源所有权的约束。私人所有的资源可以通过竞价配置；但若资源公有，竞价未必就是唯一的规则。想想公共图书馆座位吧，无论中国外国，我们恐怕找不见一个竞价配置的例子。

私有资源所以可以竞价，是因为配置私有资源竞价比其他规则更有效率。比如市场新推出了一款空气净化器供不应求，如果不竞价你认为净化器应先卖给谁？让消费者排队最简单，可排队要浪费消费者大量时间；若按消费者需求程度卖，有人说家里有小孩需要净化器；有人说家里有老人更需要净化器。到底谁更需要你怎么甄别？所以相对而言，可取的办法是让消费者竞价。

在经济学看来，通过竞价配置私人资源至少有三大好处：第一，可节省排队时间。排队不创造任何财富，对社会来说纯粹是浪费，故用竞价代替排队就是减少浪费。第二，可避免寻租。商品短缺若不允许竞价，难免会有人去托关系、走后门，这样各类寻租行为会层出不穷。第三，可增加社会财富。竞价配置是让出价高者得，这样企业利润增加会扩大生产、改善供应。

私有资源可以竞价配置，公有资源怎么配置？前面讲，竞价不是公有资源配置的唯一规则，但并不是说公有资源就不能竞价。留意观察，国内公有资源竞价配置的例子也不乏存在。国家宪法规定：城市土地归国有，是公有资源，而现在的城市土地出让一律采用招拍挂，招拍挂不是竞价是什么？可见，对公有资源的配置也需分类处理。

从功能看，公有资源可大致分两类：一类是经营性资源；一类是非经营性资源。经营性资源包括城市土地、国有企业的经营性产品以及政府提供的经营性设施等。由于此类资源具有商品性质，当然可以竞价配置；而除此之外的其他非经营性资源具有福利属性，则不宜采用竞价规则。

问题在于，如果非经营性资源不用竞价规则，那么应该用什么规则？我认为此类资源配置规则的选择要遵循两大原则：一是公众福利最大化；二是交易费用最小化。所谓公众福利最大化是指要尽可能让更多的人共享；而所谓交易费用最小化，是指规则的执行成本要尽可能低。不然，规则选择不当不仅会引发冲突，还会劳民伤财。

以上两条只是大的原则，落实到具体操作层面，我们还需要根据使用特点对非经营性资源进行细分。反复考虑，我认为可将它们分为三类：一是使用上不存在排他性的资源；二是使用有排他性但使用不存在负外部性的资源；三是使用有排他性且使用具有负外部性的资源。

第一类是典型的公共品。代表性的资源是长江航道上的灯塔。由于灯塔一类的公共品使用不排他，一个人使用不妨碍别人同时使用，使用人数的多少也不会增加公共品的提供成本；而且不会因为使用上的摩擦增加交易费用，故此类资源的配置尽可放开，让消费者各取所需。

第二类资源是准公共品。其代表性资源是上面提到的公共图书馆座位。此类资源使用上有竞争，但一个人使用不会给别人造成伤害，没有负外部性。这类资源的配置既可以排队，也可以抓阄。至于到底选择排队还是抓阄，要看采用何者交易费用更低。

第三类资源也是准公共品。这方面的资源主要是公共休闲场所。一般地讲，公共休闲场所可自由使用，但由于某些使用行为（如在公共场所燃放烟花）有可能妨碍旁人，有负外部性，故此类资源让谁使用或不让谁使用得尊重民意。民意怎样体现？最直接的办法是投票。若投票成本过高，政府可去作民意调查，民调其实也是投票。

市场竞争到底争什么

艾哈德 1957 年出版《来自竞争的繁荣》曾轰动一时，半个多世纪后的今天还常有人提起，算是传世之作了。而我这篇文章也写竞争，当然是赞同艾大师，不过角度有不同，我想与读者研讨的是市场竞争到底在争什么？并将其引申到政策层面，提出几点我自己认为重要的推论。

从交易主体看，市场竞争行为不过是三类：一是卖家与卖家竞争；二是买家与买家竞争；三是买家与卖家竞争。这三类竞争，构成了整个市场交换的全景图。物理学家牛顿曾经说，将复杂问题简单化，可以发现新定律；将简单问题复杂化，可以发现新领域。既如此，我们不妨将以上三类竞争拆开，并从稍复杂的层面分别加以讨论，这样做也许能让我们从中得到一些新的启示。

先说卖家与卖家竞争。一般地讲，卖家间竞争暗含着两个前提：一是竞争者卖的是同一商品，不然一家卖鞋、一家卖袜，所卖商品不同两者不会有竞争；二是所卖商品供应充足。若非如此，市场上商品供应短缺，消费者纷纷抢购，卖家也不会构成竞争。所谓卖家与卖家竞争，说白了就是竞卖，卖家都希望将自己的商品先于对手卖出去。

问题在于，在过剩的情况下商家怎样才能将自己的商品先卖出？或者卖家之间究竟在争什么？若看营销手法，也许卖家各有绝招，但归根到底我认为是比成本。比如同样一件衬衣，甲的成本低于乙，于是甲的卖价为 200 元；乙的卖价为 300 元，这样竞卖起来甲多半就是赢家。读者若同意这判断，则可引出的政策含义是，政府放手让卖家竞争，市场上商品必价廉物美；反之，若质次价高的商品充斥市场，那一定是卖家缺乏竞争。

举个例解释吧。时下许多人抱怨看病贵，吃不起药。何以如此？原因有多方面，但主要是现行医药体制抑制了竞争。病人与医院之间，显然医院是卖家，而目前医药一体，医院既看病又卖药，受利益驱动当然乐于小病大诊，本来十元钱药就能治病，医生可能给开上百元的药。设想一下，假若医药分家，医院只看病不卖药，让医院与医院竞争比服务，让药店与药店竞争比价格，药价是否会降下来？答案应当不言自明吧！

上面说了卖家竞争，再谈买家竞争。如果卖家竞争是因为商品供应多；买家竞争则正相反，是因为商品供应少，有多人想买同一商品买家才竞争。那么买家竞争比什么呢？我们所观察到的：一是排队（即先来先买），如国内春运火车票竞买；二是看行政职级（或年龄、工龄长短等），如某些政府单位住房竞买；不过更普遍的还是比出价，典型的例子是文物拍卖。

其实，国际上通行的竞买规则是出价，谁出价高谁先购得。既如此人们也许要问，为何国内目前会存在那么多"价外"规则呢？有学者解释，是出于公平的考虑。而我并不这么看。至少富人与富人比出价不存在不公平；穷人与穷人比出价也不存在不公平。学界所谓的"公平考虑"，我理解针对的是穷人与富人比出价。很多人以为，让穷人与富人比出价只对富人有利，对穷人不公平。真的是这样吗？让我来做点分析。

公平是一种价值判断，利益站位不同，对公平的判断也不同。相对而言，富人更有钱，穷人更有时间，若比出价显然对穷人不利；但不比出价而比排队，则又对富人不利。左难右也难怎么办？故经济学的主张是效率优先、兼顾公平。若以效率为先，当然是比出价，因为铁路公司盈利后可增加运力，买票难问题有望解决。若不比出价而比排队，虽然短期对穷人有利，但排队耗费的时间不仅不创造财富，而且买票难会年复一年地拖下去，长期看谁都是输家。

最后谈卖家与买家竞争。卖家与买家有竞争吗？曾问过行内朋友，多数答没有；而我却认为有，不然买家与卖家怎会有商业谈判？双方坐在一起沟通、协商到最后签约，实际就是在竞争。他们争什么呢？当然是争各自的权益。卖方供应了商品，会要求买方支付合理价格；买方支付了货款，会要求卖方提供物有所值的商品。

由此看，买卖双方所争的其实是"等价交换"权。经济学说，等价交换的前提是自由交换：即买方不得强买；卖方不得强卖；更不能由第三方决定价格。否则竞争被限制，必造成交易主体之间收益权不对等。以往"工农产品价格剪刀差"为何农民会吃亏，症结就在政府限制了农产品价格。今天煤炭价格放开而电价被控制，结果形成了发电企业与用电企业的不等交换，发电企业所谓的"政策性亏损"，原因即在于此。

若将上述分析再引申，在政策层面有三点我认为重要的推论：第一，如果希望市场提供价廉物美的商品，就得鼓励卖家竞争，为此政府必须改革妨碍竞争的体制机制；第二，鼓励买家竞争可提高配置资源效率，为此政府应充分尊重出价规则，照顾穷人是政府的事而不能推给市场；第三，定价事关买卖双方的权益，除了公共品，一般竞争品价格只能由供求定，政府无须干预。

追问马歇尔冲突

　　自亚当·斯密 1776 年出版《国富论》起算，经济学发展已二百余年。令人遗憾的是，到今天仍有不少难题悬而未决，如怎样看待规模经济与竞争便是其中一例。当年马歇尔在那本大名的《经济学原理》中说，企业追求规模经济会扼杀竞争；而要保持竞争活力，又得牺牲规模经济。这个两难选择后人称为"马歇尔冲突"。

　　很明显，"马歇尔冲突"所暗含的逻辑是：企业规模过大容易形成垄断，而垄断一旦形成则会排斥竞争。这个逻辑成立么？实不相瞒，我的看法不尽然。这里有三个问题要讨论：1. 企业规模由何决定；2. 规模与垄断是何关系；3. 垄断是否必然排斥竞争。若以上问题不明确，大家各执一词，围绕"马歇尔冲突"的争论还会无休止地争下去。

　　在我看来，企业初创期通常都有扩大规模的动机。为何这样说？1959 年英国学者马克西与人合作出版了《汽车工业》一书，他研究发现，汽车年产量从 1 000 辆扩到 5 万辆，单位成本可降低 40%；产量从 10 万辆扩到 20 万辆，成本可下降 10%；而从 20 万辆再扩到 40 万辆，成本仅下降 5%。这组数据说明：扩规模可节约成本，但规模也不是越大越好。

那么企业规模由什么决定呢？目前通行的做法是"量本利分析"。但要提点的是，"量本利分析"决定的产量只是企业盈亏平衡点的产量，并非最佳规模。经济学讲最佳规模，是指边际收入等于边际成本时的产量，即规模要达到这样的状态，多生产一个产品所增加的成本，与多卖一个产品所增加的收入要相等，否则，就不是最佳规模。

既如此，当边际收入高于边际成本，企业扩规模就应该无可厚非。可学界却有人认为企业规模大了会形成垄断，如早年 IT 巨头"微软"涉嫌垄断被控上法庭，罪名是捆绑销售，据说背后的真实原因是规模太大。问题是，企业规模大是否就等于垄断？或者说只有大企业才垄断而小企业不会垄断？要回答这个问题，我们还得弄清何为垄断。

关于"垄断"，我看到的较为一致的解释：垄断是指由一个或少数企业独占市场，并通过操纵产量与价格取得高额利润的行为。此解释包含两个要点：一是企业规模（市场份额）大；二是操纵产量与价格。而我的观点，判断企业是否垄断不必看规模，只需看是否操纵产量与价格，若操纵了产量与价格，无论规模大小皆为垄断。

举例说吧，某汽车生产企业，假如按边际收入等于边际成本决定的产量是 50 万辆，每辆市价为 20 万元，则销售收入为 1 000 万元；如果该企业控制产量，只生产 40 万辆，同时将价格提高到 30 万元，则销售收入为 1 200 万元。这样一来，生产 40 万辆的销售收入反而比生产 50 万辆还多 200 万元，这多出的 200 万元的销售收入扣除成本，便是垄断利润。

显然，上例中的垄断利润并非来自扩规模。恰恰相反，是来自限规模。正是在这个意义上，所以我说垄断与规模无关。也许有人会问，要是企业没一定规模凭啥自行定价？是的，企业自行定价(经济学称"觅价")确实要具备相应的条件，但这个条件我认为不是规模，而是独特技术。一个企业若没有独特技术，规模再大也只能受价不能觅价。

现实中大企业觅价的案例多，不必说，让我举两个小企业觅价的例子。前不久看电视，说北京有一家夫妻店加工肘子，价格高出市价两倍却生意兴隆，你道为什么？原来，这家店子有加工肘子的独门绝技。另一例子，是我老家县城的"津市牛聋子米粉店"，名闻三湘，该店在当地同行业中规模并不大，可价格却高于市价一半。究其原因，也是店主有祖传的烹制秘籍。

由此可见，大企业有独特技术可以觅价，小企业也同样可以觅价。问题是我们对"觅价行为"怎样看？据我所知，人们主张反垄断的理由，主要是认为觅价要限制产量从而造成了社会损失。这看法不知读者是否同意，我是不赞成。这里的关键是如何理解边际成本。至少有一点，目前教科书讲决定厂商规模的边际成本只是指料、工、费，不含交易成本，若加进交易成本，边际成本肯定会上升。

另有一点更重要。我们知道，企业作决策所考虑的成本不单是料、工、费，而应是机会成本。比如某企业多生产 1 台电视机，多支出的料、工、费是 1 000 元；若企业用多生产 1 台电视机的等量资本去生产空调，收入是 2 000 元；生产冰箱，收入是 2 500 元，那么该企业多生产 1 台电视机的成本就不是 1 000 元，而是 2 500 元。这样从机会成本看，企业觅价所减少的产量就不能算社会损失。

回头再说垄断与竞争。若将垄断定义为"觅价"，那么垄断会否排斥竞争？上文说，觅价的前提是要有独特技术。事实上，为了取得高额利润，企业都有觅价（垄断）的意愿，只是有的企业有条件觅价，有的企业无条件觅价，但今天不能觅价不等于明天也不能觅价。这样看，任何觅价者都有潜在的竞争对手，所以我认为垄断不仅不排斥竞争，还可带动竞争。

最后要说明的是，本文对行政垄断未作讨论，并非视而不见，而是问题较复杂需专文分析。这里简单说我的观点：行政垄断企业有觅价权，是由于政府实施市场准入限制，只要行政管制不放开，此类垄断无疑会排斥竞争。至于行政垄断该不该反，事关国家层面的利益不好一概而论，也不该一刀切。

技术雇佣资本假说

回溯历史，人类社会的雇佣关系迄今主要表现为资本雇佣劳动。可在一百年前，制度学派创始人凡勃伦在他的《企业理论》一书中预言，伴随技术的不断进步，企业权力将逐步从资本家手中转移到技术阶层手中，企业由技术阶层控制，形成技术雇佣资本的趋势。

这无疑是一个大胆的假说。19世纪末20世纪初，世界仍处在工业化进程中，凡勃伦却以一个经济学家的眼光洞见到未来企业权力的转移，令人叹服！1968年美国设立纳斯达克股票市场，被公认是技术雇用资本的标志性事件；而标志性企业是微软，当年比尔·盖茨白手起家，凭借自己的技术发明从纳斯达克融资，后来一举成功，富甲天下。

凡勃伦提出上面假说的依据，是生产要素稀缺度。他举证说：奴隶社会最稀缺的是劳动力，而奴隶主拥有劳动力，故权力掌握在奴隶主手里；到了封建社会，由于工具的改进提高了劳动效率，劳动力不再稀缺，土地变得稀缺，于是权力转移到地主手中；后来新大陆的发现，土地不再稀缺而资本稀缺，权力又转移到资本手中。

既然权力转移与要素稀缺度相关，由此凡勃伦进一步推定：到了后工业社会，随着投资机会越来越少，储蓄会大于投资，资本会过剩，那时相对稀缺的已不是资本而是"专门知识"。若资本不再稀缺，掌握企业权力的也就不再是资本家，而是拥有专门知识的"技术阶层"了。凡勃伦还解释说，技术阶层不单指技术人员，而是指由技术人员与企业高管组成的"专家组合"。

对凡勃伦的假说不知读者怎么看，十多年前我在中关村倒是见过这样一家高科技企业，该企业的最初出资人是山东的一位民企老板，可他并未担任企业董事长，董事长是技术发明人。有趣的是，那位民企老板出资 3 000 万，却只占有企业 30% 的股份，技术发明人及专家团队占了 70% 的股份。

类似的例子后来也时有耳闻，不过数量并不多。于是我们要问：为何有的企业可以技术雇用资本而多数企业却不能？或者问：在何条件下技术才可雇用资本？凡勃伦说要看资本是否稀缺。这样讲理论上当然没错，问题是资本要素"稀缺度"如何衡量，如果没办法衡量，也就无法用"稀缺"作约束条件去验证假说。

由此看，要验证"凡勃伦假说"，我们必须找到反映资本稀缺的相关指标，而且作为约束条件，这些指标不仅要真实存在，还要可观察、可量化、可比较。这样的指标是什么呢？或者我们找到了这样的指标，又如何去验证推论？在回答这两个问题之前，有几个概念要特别说明：

一是资本的边界。在古典经济学里，资本与技术的边界本来是清楚的，可舒尔茨提出"人力资本"概念后，技术也被当作资本看，这样资本与技术的边界就不清晰了。如果技术也是资本，我们就无法用"资本稀缺度"分析权力的转移。故本文约定，资本与技术仍为两个独立的要素。

二是雇用的含义。新古典学派认为，生产要素之间地位平等，彼此是相互雇用关系，既可说资本雇用劳动（技术），也可说劳动（技术）雇用资本。我不同意这看法。资本与技术到底谁雇佣谁，应看谁拥有生产控制权与剩余索取权。掌权的一方是雇主，不掌权的是雇员。若不作这样的界定，也就不存在雇用关系的转变。

明确了这两点，回头再找约束条件。为此我们不妨先分析银行。在我看来，银行是"银行家经营才能"雇用资本的典型例子，银行自有资金并不多（仅8%），他以钱赚钱主要是利用储户存款。银行为何能吸收存款？前提是社会上存在闲置资本，并且闲置资本的投资收益低于银行利率。

技术雇用资本与银行类似。区别在于，银行只需存在短期闲置资本；而前者却需有长期过剩资本。至于资本过剩怎样衡量？我认为可观察两个指标：一是银行储蓄利率；二是企业投资的平均收益率。可以推定：若储蓄利率为零，投资收益率也为零，此时储蓄一定大于投资，会存在大量的闲置资本。倘如此，必促成技术雇用资本。

也许有读者问，两个指标为零现实中很少出现，这样的推论有什么用？当然有用。科斯定理也假定交易成本为零而实际并不为零，你能说科斯定理没用吗？我作那样的假定，是要在极端的约束下推导企业行为。其实，约束是可以放松的，即便利率与投资收益率不为零，只要利率低于通胀率，投资收益率低于利率，推论仍成立。因为利率低于通胀率，表明实际利率为负；而投资收益率低于利率，会导致投资不足、资本过剩。

此推论何以验证？先看美国，学界有一种观点，认为是第三次技术革命让美国走出了"滞胀"。这观点有一定道理，但我认为也是"滞胀"催生了第三次技术革命。上世纪40年代至60年代，美国有许多新技术未得到应用。60年代末美国陷入滞胀，通胀高企，实际利率为负，企业收益率普遍低于利率。逼不得已美国这才设立"纳斯达克"融资平台，正是有了这个平台，才涌现出微软、英特尔等一批"技术雇用资本"的企业。

难以理解的是中国。中国是一个资本稀缺的国家，照理不具备技术雇用资本的条件，可为何也出现了上文提到的中关村那家高科技企业？我知道的原因，是 1998 年亚洲发生金融危机后政府多次下调银行利率，到 2004 年银行实际利率为负；而当时山东那家民企投资亏损，利润率也为负，所以就有了他与那位技术发明人合作。

不要误读价格歧视

价格歧视是指商家将同一商品以不同价格出售的行为，西方经济学者称为 price discrimination。国内有学者认为经济概念不宜带情感，故不赞成翻译为"价格歧视"而主张用"价格差别"。英文 discrimination 确实也有差别的意思，不过我倒觉得还是用"价格歧视"更贴切。

其实，叫什么名称无所谓，重要的是要把握内涵。在我看来，价格歧视有三个要点：1.产品相同；2.成本相同；3.价格不同。若按此三点判定，目今市场上许多差别定价行为并非价格歧视。至少教科书通常列举的飞机头等舱与经济舱的定价差别就不是，头等舱与经济舱定价不同，是因为产品与成本不同。

那么现实中真有价格歧视这回事吗？当然有。电信长话收费是一例。白天是电话高峰期，凌晨电话比较少，无论白天还是凌晨，产品（电话服务）与成本皆相同，可白天通话的价格却要高于凌晨。另一个例子，国航同一飞机从北京飞海口，提供的服务（产品）与成本也相同，但白天航班与红眼航班比，即便是同一座位，前者的价格也要比后者高。

学界有一种看法，认为对产品与成本相同不能作绝对理解，若产品变化不大，只要价格比成本上升幅度大就是价格歧视。比如出版商将《国富论》印成精装与平装两种，平装每本定价 50 元，精装的成本比简装多 5 元，若精装定价 60 元便是价格歧视。实话说，我不这样看。精装本与平装本是两种产品，尽管成本差别不大但毕竟也有差别。

是的，在经济学里，价格歧视就是指这样一种特定现象，它不同于一般的差别定价。一般的差别定价，产品与成本可以不同；而价格歧视则要求产品与成本都必须相同。这是说，由于产品与成本不同引起的价格不同是差别定价；只有产品与成本都相同而价格不同才是价格歧视。两者不可混为一谈，此点读者务必牢记。

弄清了价格歧视的内涵，跟下来我们再讨论第二个问题：市场为何出现价格歧视？目前我所看到的权威解释，是供应商为了争取最大化利润。这解释当然没有错，不过太笼统。要知道，所有市场行为都是在追求利润最大化，也都可用利润最大化去解释。但若往深处问，既然厂商都争取利润最大化，可为何不是所有厂商都搞价格歧视呢？

对此，斯蒂格利茨在他编撰的《经济学》中作了补救，他认为除了厂商追求最大化利润，再一个原因是厂商垄断供应。不错，垄断供应确实是价格歧视的必要前提，不然产品相同而价格不同，定价高的商品没人会买。但反过来想，假若厂商垄断了供应，消费者别无选择，产品定价高也得买，这样厂商就会一律定高价，没有必要再搞价格歧视了。

由此看，价格歧视用垄断供应也不足以解释。事实上，价格歧视需要垄断供应，但垄断供应未必会有价格歧视。让我举一个真实的例子。2015 年年初我出版了专著《经济观察笔记》，按合同约定，版权五年内归出版社。于是，五年内出版社垄断了《笔记》的供应，可该书并没有价格歧视，每本定价一律 45 元。

到了 7 月事情有了变化，出版社将我之前在该社出版的另外两本书与《笔记》捆绑成套装，定价每套 168 元，如此包装一改，每本单价从原来的 45 元提高了 56 元。这是价格歧视吗？我不认为是。单本改套装，包装变了，产品与成本也就跟着变了，那是出版社差别定价，与价格歧视无干。

说我的观点吧。市场之所以出现价格歧视，原因有三：第一，厂商争取利润最大化；第二，垄断供应；第三，供给稳定而需求不稳定。第三点是由本人提出，至少我没见有人讲过。而且我认为前两点重要，但第三点更关键。一个厂商是否实行价格歧视，最终要取决于供给与需求的状况。

所谓"供给稳定"，是指这样一种状态：在相对长时间（如一年），供给不会随时间改变而改变，产品保持均量供给。而所谓"需求不稳定"，则是指需求会随时间变化而改变。通俗地讲，是需求有淡季旺季之分。请注意，影响需求不稳定因素很多，而我这里所说的"需求不稳定"，是特指那种由"时间"引起的需求变化。

读者也许要问，为何供给稳定而需求不稳定会有价格歧视？为方便理解，容我结合案例来分析：

以铁路客运票价为例。在一年内铁路运力（供给）会相对稳定，但顾客需求却不稳定。有数据说，国内春运高峰期每天的铁路客票需求要比平时高5倍，而铁路公司却又不可能增加5倍的运力，因为春运高峰一过，增加的运力就会闲置。怎么办？可取之策是提高春运期间的客票价格，而如此一来，价格歧视也就出现了。

留心观察，生活中类似的例子其实不少：如旅游景区的门票，旅游景区的供给常年稳定，而节假日（如国庆长假、春节等）的游客要比平时多很多，故景区门票通常会实行价格歧视。再有，航空公司、电影院、饭店、酒店、电力公司等，也都会因为需求有淡旺季而实行价格歧视。

写到这里，让我对本文作一小结：歧视一词本身虽有贬义，但在经济学里"价格歧视"却是中性概念，不含好与不好的判断，读者切莫望文生义；同时价格歧视作为市场行为，是供给稳定而需求不稳定所导致的结果。规律使然，政府当坦然面对，大可不必用行政手段干预。

供求均衡分析

怎样看均衡与非均衡

补贴农业的理由

消费者剩余由何而来

"性别平等"的经济视角

逆选择的真实原因

怎样看均衡与非均衡

　　大家都知道"均衡"是物理学的概念。有学者考证说，最早将"均衡"引入经济分析的是英国经济学家马歇尔；但也有学者认为是法国的瓦尔拉斯。其实马歇尔与瓦尔拉斯是同时代人，他们之中无论说谁将"均衡"引入经济分析都不为错，而且也不重要。重要的是，我们怎样保持经济均衡？

　　虽然"均衡"一词来自物理学，但经济均衡的含义却与物理学不同。物理学中的"均衡"是指同一物体同时受多方外力作用而合力为零时物体保持静止或匀速运动状态；而经济学讲的"均衡"，则是指供给与需求保持平衡。这是说，若供给等于需求、市场能够出清即为经济均衡；反之商品供不应求或供过于求皆为经济非均衡。

　　迄今为止，研究经济均衡有两个视角：一是凯恩斯的视角，即直接根据宏观总量指标作判断；而另一个是萨伊的视角，先从个量（企业）分析入手，然后从微观推导到宏观。两相比较，我倾向于后者。理由简单，因为经济活动的主体是企业，研究经济均衡若不从企业出发，总量分析便无微观基础，而由此得出的结论很难靠得住。

就说凯恩斯吧。凯恩斯有个著名观点：经济总量均衡的前提是"储蓄等于投资"。我在《质疑凯恩斯"恒等式"》一文中说过，若站在年底看当年的国民收入核算，凯恩斯的观点是对的；但若在年底看下一年的国民收入预算，储蓄却不一定等于投资。若投资不足储蓄当然可转为投资；若投资（产能）过剩，储蓄也可转为消费。今天风靡全球的消费信贷就是储蓄转为消费的佐证。

再想深一层，经济均衡实际包含两层意思：一是总量平衡；二是结构平衡。当年凯恩斯认为经济失衡（生产过剩）主要是由于有效需求不足，于是他强调要重点刺激需求。然而留心观察，现实中大量的经济失衡却是结构性失衡。而要解决结构问题，仅刺激需求无能为力，特别是上世纪 70 年代西方经济陷入滞胀后，凯恩斯主义明显药不对症，这样经济学家的注意力又重新回到了供给侧。

正因为经济失衡的原因主要在结构，所以我认为研究均衡应坚持萨伊的视角。要提点的是，从个量推导总量有两种分析方法：一是瓦尔拉斯 1874 年在《纯粹政治经济学讲义》中提出的一般均衡；另一是马歇尔 1890 年在《经济学原理》中提出的局部均衡。这两种分析方法虽不同但并不对立，彼此可互为补充、相得益彰。

所谓一般均衡，是指各种商品与生产要素在相互影响下供求同时达到均衡。商品与生产要素供求怎样才能同时均衡呢？瓦尔拉斯用生产要素的供给与需求；商品的供给与需求以及均衡条件等五个方程式作了推导。面对满篇的方程式，不少读者可能会望而生畏，其实他用这些方程不过是证明一个结论：即市场存在一组价格，能令所有商品的供给与需求相等。

是的，一般均衡研究的是整个经济体系价格与商品结构的关系，由于这种分析涉及的因素太多，而且这些相互交织的因素处理起来又过于复杂，故现实中人们通常采用的是局部均衡分析。所谓局部均衡，是假定在其他条件不变情况下某种商品（或生产要素）供给与需求的均衡。马歇尔就是利用局部均衡分析揭示了商品的价格决定原理。

局部均衡是怎样决定价格的呢？让我举例解释：假定市场上只有葡萄酒一种商品，葡萄酒价格怎么定？马歇尔说，商品的价格与需求量是反向变动的：价格越高，需求量越少；价格越低则需求量越多。假如两者变动数量如下：葡萄酒每瓶价格1 000 元，市场需求 10 000 瓶；价格 750 元，需求 15 000 瓶；价格 600 元，需求 20 000 瓶；价格 300 元，需求 30 000 瓶。

葡萄酒的生产者正相反，价格越高，生产葡萄酒越多，价格越低生产越少。假定变动数量如下：每瓶价格 1 000 元，生产 30 000 瓶；价格 750 元，生产 25 000 瓶；价格 600 元，生产 20 000 瓶；价格 300 元，生产 10 000 瓶。若将上面两组数据放在一起比对，会发现当葡萄酒价格为 600 元时，生产者愿生产 20 000 瓶，消费者也愿购买 20 000 瓶。此时供求相等，市场可以出清。

马歇尔说，这种能使供求相等的均衡价格才是市场价格。若厂商定价高于均衡价，商品供应会过剩；若消费者出价低于均衡价，供应会短缺。马歇尔还说，价格不仅要由供求定，价格反过来也可调节供求。比如上例中葡萄酒价格若高于 600 元，供过于求会令价格下跌，厂商会减少生产；若价格低于 600 元，供不应求会令价格上升，厂商会增加生产。当然价格调节供求也有前提，生产要素要能自由流动。

综上可见，瓦尔拉斯与马歇尔虽然分析方法有别，但他们的推论相同：即经济能否均衡关键在价格怎么定。从局部均衡看，若希望某商品供求平衡，价格要由供求双方定；从一般均衡看，瓦尔拉斯说存在一组价格可让所有商品出清。他讲的"一组价格"是指商品比价，而商品比价又以各种商品价格为基础，所以归根到底价格也是由供求定。

回到现实，让我用均衡原理分析当前的房地产库存。房地产怎样去库存？我认为症结也在房价。既然房供过剩，房价下跌政府不用管。要知道，房价回落既能抑制新的房供，又有助消费者购房。眼下政府要做的，就是不再新建经适房与保障房，直接将资金补贴低收入者。让低收入者帮助去库存。这样一手托两家，买卖两利岂非善哉！

补贴农业的理由

　　时下学界有一种看法，认为政府补贴农业是政府对农民的照顾。多年来学界一直这么说，人云亦云，久而久之很多人也就信以为真。我自己早就感觉这看法不对，但却又不知究竟错在哪里。这些日子思来想去，现在终于理出了一些头绪。

　　并不是这问题有多么尖端，恰恰相反，是因为问题浅，人们往往不从复杂的层面去考虑。我读过一些学者的文章，说到政府为何补贴农业几乎众口一词，都说农业是弱质产业，比较收益低。我的疑问是，为何农业会弱质？是因为它与自然风险有关吗？世上与自然风险有涉的行业多得是，井下采矿，海上捕鱼都会有天灾人祸，为什么偏偏只说农业弱质呢？

　　事实上，存在风险的行业比较收益未必一定就低。比如生产鞭炮的风险肯定大于农业，一旦出险不仅要破财，还可能会赔进性命。可为何鞭炮企业的业主不去转投其他风险小的行业呢？经济学的答案，是生产鞭炮比他所能从事的其他行业赚钱更多。是的，某些行业风险虽大，但收益也高，不然，我们就解释不了为何有人会对高风险行业乐此不疲。

理论上讲，有自然风险的产业未必弱质，比较收益也不一定低。然而事实却是，全世界农业的收益通常都要低于工业。早在 17 世纪古典经济学家威廉·配第就发现："工业的收益要比农业高很多。"亚当·斯密也说过，他看见经常有人白手起家，以小小的资本经营制造业或商业数十年便成为富翁。然而，用少量资本经营农业而发财的事例却罕见。今天离斯密时代已过去 200 多年，可农业比较收益低的事实却没有改变。

但凡尊重科学的人，都不会否认农业比较收益低的事实。而我想追问的是，究竟是何原因造成了这种局面？此问题不仅事关政府补贴农业的性质，而且关系到农民的切身利益。如果我们认定农业比较收益低是因为农业有自然风险，那么补贴农业就是政府的善举，这样政府就既可多补，也可少补；假如农业比较收益低是另有原因，而且与政府相干，那么补贴农业就不能看作是政府对农民的照顾。

说我的观点。我认为，农业比较收益低绝不是由于农业弱质。没有任何证据证明，农业天然就是弱质产业。从历史上看，农业曾长期是国民经济的支柱。19 世纪前，地球上 90%的人口都从事农业，而且近 1000 年来农业供养的人口差不多翻了 30 倍；其次从生产率看，农业生产率也不见得低于工业，甚至不少国家农业生产率反而比工业生产率高。以法国和德国为例，1965 年到 1995 年的 30 年间，农业生产率年增长分别为 5.2% 和 5.1%，而同期工业生产率年增长仅 3.6% 和 4.0%。

问题的焦点在于，农业既然不是弱质产业，农业生产率也不低于工业，可为何农业的收益会低于工业呢？理解这个问题，需要弄清生产率与收益之间的关系。所谓生产率，是指单位时间的产量；而收益，则是指产量与价格的乘积。生产率提高，产量增加，若价格不变收益会增加。若产量增加而价格下降，收益却不一定增加甚至可能下降。对生产率与收益的这种变动，如果分别从个体与总体两个角度会看得更清楚。

先从个体看，假定某农户的粮食生产率提高，耕种 5 亩地粮食比上年增产 1 000 斤。单个农户增产自然不会影响粮食市价，假定今年粮价还是与往年一样每斤一元，该农户今年则可增加收益 1 000 元。但若从总体看推理就变了。假定农业生产率普遍提高，粮食总产量增加了 30%，结果由于粮食供大于求而导致粮价跌幅超过了 30%，这样全国粮食虽然丰收了，而农民却反而增产不增收。

是的，农产品的价格要由农产品供求定，而农业收益则主要取决于价格。这是说，若要提高农业的比较收益，关键在提高农产品价格；而要提高农产品价格，农产品就得偏紧供应。否则农产品价格上不去，农业的比较收益会永远不及工业。由此推，政府要帮助农民增收，就应允许农业要素流动。

设想一下，假如农业劳动力与土地能自由转于工业，工业品增加价格会下降；农产品偏紧价格会上升。如此一降一升，农业与工业的收益必达到均衡。

可见，农业比较收益低并非农业有自然风险，而是限制了耕地等生产要素的流动。其实，世界上实行耕地保护的国家，农业收益都比较低。当然我这样讲并非反对保护耕地，耕地事关粮食安全，何况中国是一个人口大国，而且连欧美等发达国家对耕地用途也有严格管制。我要说的是，政府为了粮食安全保护耕地，而保护耕地却限制了农业比较收益，所以我认为补贴农业不能看作是对农民的恩惠，而是政府花钱向农民购买粮食安全。

再往下推，有三点结论恐怕是对的：第一，农业比较收益低是事实，但不能说农业就是弱质产业，政府补贴农业的理由，也不是农业有自然风险．第二，提高农业比较收益，必须放开农村要素市场。政府若考虑粮食安全需保护耕地，那么就得给农业以合理补贴。第三，补贴农业不是政府的单向支出，而且一种互利交换。既然是交换，补多补少就不能全由政府说了算，而应该和农民商量着定。不然有钱多补，没钱少补或者不补，就不是公平交换了。

消费者剩余由何而来

马歇尔在《经济学原理》中提出"消费者剩余"后，此概念在学界广为传播，而且百多年来一直热度不减。我相信真实世界有消费者剩余存在，但却不主张政府将消费者剩余作为追求的目标。经验说：政府试图用价格管制扩大消费者剩余的努力，最终将徒劳无功。

何以作出这样的判断？道理说起来较为复杂，为便于理解，不妨避繁就简，让我们先讨论以下三个问题：第一，消费者剩余从何而来？第二，消费者剩余大小由何决定？第三，消费者剩余如何分配？这三个问题若能讨论清楚，理解政府定价与消费者剩余的关系也许会容易些。

先说第一个问题。按照马歇尔的定义，消费者剩余是指消费者通过商品交换取得的净收益。具体讲，是消费者购买某商品的意愿价格与实际成交价格之间的差额。举个例子，比如你去市场买苹果，你所愿意支付的价格是 5 元 / 斤；而结果你仅花 4 元就买到了一斤苹果。那节省的一元便是你的额外收益，马歇尔称此为"消费者剩余"。

类似的例子多，读者也能随手拈来，说明现实中确有消费者剩余这回事。如果不存在消费者剩余，人类也就不可能出现商品交换。可问题是消费者剩余从何而来？时下学界有一种解释，认为消费者剩余是来自生产者让利。我不赞成这看法，因为生产者以利润最大化为目标，市场上若有人愿出高价买他的商品他怎可能卖低价？

是的，说消费者剩余来自生产者让利不对，这一点在物物交换时代表现很明显。比如有甲、乙两个人分别生产粮食与布匹，由于没有货币，甲直接用粮食与乙交换布，显然，此时的甲与乙同时都是买方(消费者) 而同时也都是卖方(生产者)。正因为他们既是买方又是卖方，于是我们很难说得清交换产生的"净收益"是买方剩余还是卖方剩余，更说不清它是来自卖方让利还是买方让利。

在我看来，交换的"净收益"并非来自谁的让利，而是来自分工。为何这么说？还是用上面的例子，假定甲、乙均可生产粮食与布，甲生产一吨粮食成本是 800 元；生产布成本是 900 元，总成本为 1 700 元；乙生产一吨粮食成本为 900 元，生产一匹布成本为 800 元，总成本也为 1 700 元。如果一吨粮食可换一匹布，那么甲生产两吨粮食，乙生产两匹布，然后甲用一吨粮食换乙一匹布，则各自节省的成本 100 元就是交换带来的净收益。

明确了这一点，让我们再看第二个问题：消费者剩余大小由何决定？上文说，物物交换时我们无从判定交换"净收益"是买方剩余还是卖方剩余，不过在货币出现以后这问题就不存在了。由于货币是一般等价物，人们约定俗成，将市场上持货币的一方视为买方，而将持商品的一方作为卖方。这样一来，消费者剩余的界定也就明确了。

回到定义，消费者剩余等于买方意愿价格与实际成交价之间的差额。这是说，消费者剩余的大小取决于两个因素：买方意愿价与实际成交价。我们知道，实际成交价就是市价，单个买家或卖家均无法左右市价，它要由市场决定。如果成交价是市价，则消费者剩余大小就要看买方的意愿价格。买方意愿价格越高，消费者剩余会越大。

买方意愿价格怎么定呢？马歇尔说，买方意愿价上限等于他所放弃消费其他商品的最大效用，且随着边际效用递减，意愿价格会下降。说边际效用递减会令意愿价格下降是对的，但我认为上限不是买方放弃的"最大效用"，而是他生产该商品的成本。如上例中甲生产布的成本是 90 元 / 匹，那么甲的意愿价绝不会超过 90 元 / 匹，否则甲就会自己生产而不会去购买。

最后再看分配。消费者剩余理当归消费者，本不存在分配问题，消费者剩余不归消费者，何谈消费者剩余？可有学者指出，消费者剩余未必悉数归消费者。通常用来佐证的例子是火车票，比如春运期间一张从广州到北京的火车票，由于供不应求买方意愿价格为 600 元，而政府定价只准卖 500 元，这样就出现了 100 元差价。可现实结果，消费者并不能享受到这 100 元好处，而是归了相关权力人与黄牛党；即便有人 500 元买到了车票，100 元价差也被排队的时间成本所抵消。

这样讲不无道理，我之前也是这么看。可我现在认为以前的看法错了。关键的一点，是混淆了政府定价与市价，误以为政府定价就等于市价，而事实上两者并不相等。试想，若政府定价等于市价，有了市价政府何必再定价？问题就在这里，若政府定价不是市价，而消费者的实际成交价却是市价，这样政府定价低于市价的差额是"行政租"而非"消费者剩余"。既然不是消费者剩余，当然不归消费者。

写到这里，我们可得三点结论：第一，消费者剩余是分工带来的收益，若没有分工与交换，不可能出现消费者剩余；第二，消费者剩余等于买方意愿价与实际成交价之差。实际成交价是市价，买方意愿价要受生产成本与边际效用的约束，其大小不可能人为改变；第三，政府定价不是市价，政府定价低于市价所形成的"行政租"不归消费者，故政府不可能通过价管扩大消费者剩余。

"性别平等"的经济视角

经济学研究"性别平等"与社会学不同，社会学关注的是男女的权利平等，而经济学则是从福利最大化角度考量。不过无论是经济学还是社会学，要衡量一个社会是否存在性别歧视，都应该先对"性别歧视"概念作界定。否则大家对概念理解不一，各说各话，再怎么讨论也难以达成共识。

据我所知，早年人们批评性别歧视，多指生育方面的重男轻女以及生活中的男尊女卑。而当下人们讲男女不平等，则重点是在职业分工方面。比如政界，男性的人数就明显多于女性；今天农村到城市的务工者也多为男性，妇女则通常留在家中照顾老人孩子。不否认，这两种情况的确存在，也是事实；但这事实是否真的就是性别歧视呢？前一种情形复杂些，先存而不论；对后一种情形我清楚，若将其归入性别歧视我不同意。

我自小长在农村，对农民算有了解。别看他们没读过亚当·斯密和李嘉图，但对分工的认识却不比你我浅。中国农耕社会几千年，一直奉行男耕女织，你道为什么？那是因为男性体力大，女性手艺巧，是基于男女比较优势的分工。同理，今天男性外出务工者多于女性，也是家庭内分工的一种理性安排，旁人大可不必说三道四。不信你去问问那些留守在家的妇女，她们中有多少人是认为性别不平等的？

是的，发挥比较优势是家庭内分工的一个基本原则。这是说，只要没有外部强制，任家庭成员自由分工，不论最后的结果为何——是妻子留守还是丈夫留守都是争取家庭收入最大化的优选。说我亲眼所见的例子，几年前我在福建邵武调研，曾遇到一位四川的妇女到邵武打工而丈夫却留在家中，我问何故，她答是丈夫身体不好，自己打工要比丈夫挣得更多。听明白了吗？原来决定家庭内分工的并不是性别，而是比较优势。

一个家庭这样，其实社会层面的分工也如此。假若社会对女性择业没有制度性限制，分工也必是基于人们各自的比较优势。经济学说，按比较优势分工是有助社会财富最大化的。既如此，那么在社会层面我们判断某行业是否有性别歧视，就不能光看男女比例，关键是要看是否有限制自由择业的制度。比如某用人单位明文规定只用男性不用女性，这当然是性别歧视；反之若没有这种规定，该行业即便全是男性没有女性也非性别歧视。

不是吗？想深一层吧，煤矿行业男性明显地多于女性，可大家为何不认为它是性别歧视？答案简单，那是因为煤矿业很特殊，即使不限制女性进入，自由选择的结果也会男性多于女性。所以我的观点，社会性别平等绝非是男女人数相等。设想一下，假若各行各业皆要求男女相等会是什么结果？肯定的，为了照顾男女平衡，用人单位就不得不去"拉郎配"或"拉女配"。这样一来，很多人的比较优势将难以发挥，整个社会的生产效率也必大大降低。

由此可见，男女比例并非判定社会性别是否平等的重点，甚至也不应该作为标准。若读者同意，那么我就可回答前面第一个问题了。当下政界男多女少是否是性别歧视？很多人认为是，但我认为不是。为什么？因为在制度上国家对女性从政并无任何限制性规定，她们是否从政可以完全自愿，既然如此，政界男多女少怎可归究于性别歧视呢？我们总不能强人所难，硬逼着那些不想从政的女性去从政吧？

学界另有一种观点，说政界男多女少是因为目前人大代表中的女性占比偏低。意思是说，人大代表中若再多些女性，政界的性别比就会改变。是这样吗？听起来好像是，但其实不是。我自己做北京市人大代表多年，我的经验，在选举时女代表其实并不一定就投票给女性，而男代表也不一定只投票给男性。那种认为女代表必选女性的看法纯属闭门造车，是一厢情愿地想当然。

我自己有个大胆点的看法，讲出来政界的朋友未必爱听。人们对政界所谓性别歧视的批评，我认为是避重就轻未击要害。依在下看，这里的要害是从政的人有特权。不然，若从政与挖煤一样就是一个普通职业，没特权你会在乎它的性别比吗？应该不会。是的，当下政界的症结并非男多女少或是什么性别歧视，而是行政权力过大。若不取消行政特权而单单强调男女比例平衡，那岂不是移花接木转移改革的视线？

不过话要说回来，我说今天中国政界不存在性别歧视，并不是说过去也没有过，或者现在其他领域也没有。众所周知，封建社会许多制度（包括习俗），如要求女子裹足以及"三从四德"的旧礼教，对女性从政就明显不利。现代社会，虽然这些旧礼教或习俗早已成为陈迹，但性别歧视仍然有，我知道的，目前少数农村地区耕地只承包给男性而不给女性；城市职工退休男女不同龄，少数用人单位虽不敢明里却暗里限招女性等。

如此看来，造成性别不平等的根源，关键在制度。扬汤止沸，不如釜底抽薪，所以，我们与其天天喊口号要男女平等，还不如冷静下来，看看究竟是哪些制度妨碍了女性的自由选择权，只要找到症结并一一除之，待以时日，何患性别歧视不能解决！

逆选择的真实原因

优胜劣汰是市场竞争的普遍法则,然而大千世界无奇不有,劣胜优汰的"逆选择"也随处可见,而且学界对逆选择已有大量研究。我作此文当然不是去重复别人,而是要分析导致逆选择的约束为何,并根据约束推出逆选择的一般原理与现实启示。

据我所知,较早关注逆选择的学者是格雷欣。格雷欣是英国女王伊丽莎白一世的顾问,也是银行家。在他所处的时代,货币实行双本位制,黄金与白银皆作货币流通。格雷欣发现,当一种货币贬值时,另一价值较高的"良币"会被储藏;而价值较低的"劣币"却充斥市场。这种"劣币驱逐良币"现象,即为"逆选择"。

阿克洛夫的"旧车市场模型"是逆选择的又一著名例子。旧车市场上,由于买者与卖者信息不对称,卖者知道车的真实质量；买者却不清楚。买者为避免中计，往往只愿按旧车平均质量支付价格，可这样一来，卖者会将质量较差的车先沽出。结果是：质量差的车频频成交，而质量好的车却被挤出市场。

另一个例子是保险市场，原因也是信息不对称。不过与旧车市场不同，保险市场是卖方对买方的信息不充分。如医疗保险，保险公司（卖者）对购保者健康状况不清楚；而购保者自己却清楚。于是迫于无奈，保险公司只好按历史出险概率制定一个均价。而按均价卖保险，买者当然多是有病的人，没病的人往往不买保险。

再一个例子是就业市场。几年前一位在外企工作的朋友告诉我，外企裁员通常是先裁那些薪酬高的员工。赶上大裁员，薪酬越高被裁的可能越大。一般地讲，员工薪酬高表明能力相对强，不然公司不会付给他比别人高的工资。问题就在这里，能力强的员工被裁减；能力弱的员工被留下，这样就业市场也出现了逆选择。

再一个例子是婚配市场。国内为何会有剩女？不要以为是剩女的条件差，相反多数是因为条件好。沙普利曾研究过婚配市场，他假定：1.男女人数相等；2.对每个异性的偏好可排序；3.可自由选择。沙普利说，若满足以上三点不会有剩女。我可不这样看。如某女子对所有男性的偏好排了序，可她对排在第一的男子也不中意而又不肯降低标准，结果别人嫁了，她却成了剩女。

现实中类似的例子还有很多：如假冒商品挤正牌商品；走私商品挤进口商品；盗版软件挤正版软件等等，举不胜举。既然举不胜举也就不用多举，跟下来我要解释的是，市场为何会出现这类逆选择？对此学界有各种解释，但大多都是就事论事，理论上并没有找到通解。

在我看来，理论的魅力不在解释个别现象，而是要解释一类现象。这样掌握了理论才能让人举一反三、触类旁通。那么导致逆选择的约束为何呢？我的答案是"价格锁定"。当然，这并不是说有"价格锁定"一定会出现逆选择；但反过来则可肯定，有逆选择就一定有价格锁定。换句话讲：若价格不被锁定，市场不可能有逆选择。

是这样吗？应该是。这些天日思夜想，感觉此判断不容易被推翻。比如上面提到的各类逆选择案例原因虽各有不同，但归根到底却都是由于价格锁定。何以见得？不妨就用以上案例来验证我的推断：

劣币驱逐良币，当年格雷欣指出的原因是，两种货币中由于一种货币贬值，当其实际价值低于法定价格时，贬值的货币继续流通，价值相对高的另一货币会被储藏。我的看法，这里逆选择的关键不在货币贬值，而在法定价格被锁定。若一种货币贬值后法定价格能及时调整，劣币不可能驱逐良币。

旧车市场的逆选择，阿克洛夫认为是由于买卖双方信息不对称。事实上，对买卖双方来说，所有商品信息皆不对称，可为何新车市场没有逆选择而旧车市场却出现逆选择？究其原因，是买方锁定了价格。想深一层，若卖方能按质量差别定价，买方怎会锁定均价？去市场查访一下就知道，逆选择在真实旧车市场并不存在。

保险市场有逆选择我不否认，但原因也是价格锁定。保险公司面对众多的客户，收集客户真实信息不仅难，且成本非常高。两害相权取其轻。这样与其支付过高的信息成本，倒不如锁定均价更便捷。由此看，保险市场的逆选择是保险公司经过成本权衡后的理性选择。

再有，劳工市场的逆选择，症结也在劳动力价格（工资）锁定。当经济不景气时，企业需要压成本，但由于工资存在刚性，工资不能减企业只好裁员。而高薪员工的工资高，一旦裁员这部分人自然首当其冲。设想一下，假若员工集体同意减薪（价格不锁定），企业不必裁员，劳工市场也就不会有逆选择。

最后看婚配市场，剩女问题其实很简单，只要择偶标准（价格）不固定，婚配市场必然是靓女先嫁，不会有逆选择。真正困难的是那些假冒产品与走私品，其逆选择不是因为价格锁定，而是非法经营，即使调低正宗商品的价格也不可能杜绝假冒与走私，故对制假、走私等得靠政府依法打击。

回到现实，我们可得如下启示：第一，市场逆选择是价格锁定的结果，如当下某些落后产能未被淘汰就与价格锁定有关；第二，凡是由价格锁定造成的逆选择都是市场选择，考虑到相关约束，其中有些具有合理性，无须一概排斥；第三，但凡不由价格锁定的逆选择皆非市场选择，政府应该制止。

产权假设与交换

科斯的产权含义

公有制何以产生交换

从交换角度看分配

平均主义的产权推定

社会成本的内化路径

科斯的产权含义

产权问题在国内一直有争议，当年为避免争论，邓小平说不要问姓"资"姓"社"。老人家一言九鼎，为后来改革赢得了时间。可时至今日仍有人将产权等同于所有权。甚至说国企产权归国家，明晰产权莫非要搞私有化不成？这批评望文生义，显然是没弄清所有权与产权的区别。

1960年，科斯在《社会成本问题》一文中提出了产权界定，他所说的产权不同于与所有权。所有权是法权，指的是财产归属；而产权则是指除了归属权之外的其他三项权利：即使用权、收益分享权与转让权。今天人们之所以将所有权与产权混为一谈，说来也是事出有因。在人类社会早期，所有权与产权是融为一体的，若某人对某财产拥有所有权，也就同时拥有了产权。

不过这是早期的情形。今非昔比，当借贷资本出现后所有权与产权就分离了。典型的例子是银行。大家知道，银行的信贷资金主要来自储户存款，资金所有权是储户的，既然所有权属储户，银行发放贷款为何可以不征得储户同意？原因是银行通过支付利息从储户那里购得了资金产权。在这里，所有权与产权已经分离。

是的，产权源自所有权，但也可独立于所有权。从这个角度看，所谓明晰产权并非是改变所有权，而是明确财产的使用、收益、转让权。由此可见，明晰产权与所有权是否私有无关。也许有人问，既然不改变所有权何需明晰产权？我的回答，财产无论公有私有，所有权清晰并不等于产权清晰，私有财产的产权也可能不清晰。让我举例解释：

张三与李四相邻而居，北边的院子是张三的私产；南边的院子是李四的私产。有一天，张三在自家院子里焚烧垃圾，北风将烟尘刮进李四的院子，起初李四好言劝阻，可张三置若罔闻，结果两人大打出手。为何如此？是产权不清晰。当初张三建房时，法律并没规定在院子里不能烧垃圾，而李四建房时，法律也没承诺他有不受污染的权利。可见，南北两个院子虽分别为张三和李四的私产，所有权很清晰，但产权却并不清晰。

产权不清晰，会引起相关当事人的摩擦，要避免摩擦就必须明晰产权，这就带出了本文要讨论的第二个问题：产权应该如何界定？

科斯说:"若交易费用为零,产权界定清晰,无论产权界定给谁皆不影响经济的效率。"这里所谓的交易费用,是指利益各方为达成某项交易而产生的协调费用。如用于谈判、通信方面的花费以及调解纠纷的行政费用或法律诉讼费用等。总之,除生产费用之外的一切费用,都统称为交易费用。

假如科斯的前提成立,推论肯定对。说我亲眼所见的例子。多年前,我曾赴湖北某企业调研,见厂门口有十数人静坐,问原因,工厂主事人告诉我,静坐的都是周边居民,他们生病认为是工厂冒烟所致,故要求厂方报销医药费。按科斯的理论,解决此纠纷不难。如果政府能明确居民有不受污染的权利,那么工厂就得安除尘器;相反,如果明确工厂有冒烟的权利,那么居民就得集资替工厂安除尘器。

问题是,交易费用为零是个理论假设,除了鲁宾逊一人世界,真实生活里不可能存在。还是上面的例子,假如政府把产权界定给工厂,居民花钱给工厂安除尘器,可工厂的头头说,安除尘器可以,但得给工厂一些好处费,于是就产生了交易费用,若交易费用过高,后果有两个:一是维持现状,居民继续受污染;二是居民不堪忍受,到工厂寻衅滋事。

很明显,一旦有了交易费用,产权界定必受交易费用的约束。或者说,产权如何界定必须顾及交易费用的高低。想想吧,当下政府为何要求企业节能减排?从产权角度看,这实际上就是限制企业的排污权,而把不受污染的权利界定给居民。

政府这样做，一方面是保护环境，另一方面，也是考虑交易费用。因为把产权界定给居民，交易费用比把产权界定给工厂要低得多。

类似的例子：交通法规定，机动车在人行道撞伤行人要负全责；在机动车道伤人也要赔偿。为什么？因为把产权（安全保障权）界定给行人，不仅交易费用低，而且可减少交通事故。还有，国家规定不许强行拆迁民宅，原因也是保护民宅的交易费用低。如果民宅不受保护，允许强行拆迁，引发的社会矛盾会层出不穷，政府管理的交易费用将不堪设想。

相反的例子，是农民的耕地产权。国家说，农村土地承包经营权长期不变。可现行承包经营权，只含使用权与部分收益权，转让权并未界定给农民，所以近年来强征农民土地的事时有发生。农民不服，于是就上访，有的地方甚至还闹出了人命。假如国家能明确规定土地产权（包括转让权）归农户，卖与不卖或按什么价格卖，一切均由农民自己做主，政府处理土地纠纷的交易费用就会大大降低。

最后让我归纳本文要点：第一，产权有别于所有权，明晰产权不等于要改变所有权。第二，公有制产权不清晰，私有制产权也同样不清晰，因此产权改革未必要搞私有化。第三，产权包含使用权、收益权、转让权，明晰产权就是要将此三权予以界定。第四，产权作何种安排，最终应以节约交易费用为依归。

公有制何以产生交换

学界通常认为商品交换有两大前提：一是分工；二是产权保护。没有分工，大家生产的产品相同当然用不着交换；若产权不受法律保护，将别人产品无偿占为己有不受惩罚，这样弱肉强食也不会有交换。正因如此，经济学才将"产权保护"作为交换的前提性假设。

说分工决定交换是对的。可亚当·斯密的观点却相反，认为是交换决定分工。在他看来，交换的范围多大，分工才能在多大范围进行。斯密这样讲也不算错。然而从人类历史看，则是先有分工后有交换。原始社会末期就是先有部落内部分工，之后才出现部落间的零星交换；封建社会男耕女织（分工）已很普遍，可那时也没有普遍的交换。所以准确讲：是分工决定交换，交换促进分工。

其实这道理好理解，无须我多解释。本文要讨论的重点是：第一，从交换的角度看，保护产权是指保护财产私有权还是产品私有权？第二，公有制基础上何以产生商品交换？第三，产品私有是否就是指某个人独自占有？

早在 20 多年前邓小平在南方谈话时就指出："市场经济不等于资本主义，社会主义也有市场。"可当时就有人质疑，说马克思明确讲"私有权是流通的前提"，中国以公有制为主体怎能产生商品交换？时至今日，某些西方国家仍不承认中国的市场经济地位，据说理由也是我们以公有制为主体。

难道公有制与市场经济真的水火不容？正本清源，还是让我从马克思说起吧：

不错，马克思在《政治经济学批判 1857—1858 年手稿》中确实讲过"私有权是流通的前提"；在《资本论》第一卷中马克思还说，交换双方"必须彼此承认对方是私有者"。有人推定马克思认为交换的前提是私有制大概就是根据以上论述，不过我要指出的是，此推定其实是对马克思的误读，并不符合马克思的原意。

何以见得？我的依据有二：首先，马克思从未说过交换产生于私有制，相反他认为是产生于公有制。在《政治经济学批判》第一分册中写道："商品交换过程最初不是在原始公社内部出现的，而是在它的尽头，在它的边界上，在它和其他公社接触的少数地点出现的。"在《资本论》中他也表达过相同的观点。原始社会是公有制，这一点马克思怎会不清楚呢？

其次，马克思讲作为流通前提的"私有权"，也不是指生产资料私有权。比如他在《资本论》第一卷中说："商品不能自己到市场去，不能自己去交换。因此，我们必须找寻它的监护人，商品所有者。"而且还说："商品是物，为了使这些物作为商品发生关系，必须彼此承认对方是私有者。"显然，马克思这里讲的"私有"并非生产资料私有而是产品私有。

想深一层，生产资料私有与产品私有的确不是一回事。以英国的土地为例。土地作为重要的生产资料，英国法律规定土地归皇家所有，但土地上的房屋（产品）却可归居民私有。正因如此，所以房屋才可作为商品用于交换。这是说，产品能否交换与生产资料所有权无关，关键在产品是否私有。只要产品私有，生产资料无论归谁产品皆可交换。

读者若同意以上分析，我们便可讨论第二个问题：公有制基础上何以产生交换。上面说，商品交换的前提是产品私有。照此推理，公有制基础上的商品交换也同样要求产品私有。困难在于，生产资料公有，产品怎样才能私有呢？要说清这个问题，我们需要引入经济学的"产权"概念。

经济学说：产权不同于所有权，所有权是指财产的法定归属权；产权则是指财产的使用权、收益权与转让权。我曾以银行为例解释过两者的区别。银行的信贷资金来自储户，从所有权看，信贷资金归储户所有；可银行通过支付利息从储户那里取得信贷资金产权后，资金如何使用，收益如何分享以及呆坏账如何处置，银行皆可独自决定。可见，信贷资金的所有权与产权是可以分离的。

也许有人问，所有权与产权分离怎能证明生产资料公有而产品可以私有呢？我的回答，产权的最终体现是产品占有权。所谓界定产权，说到底就是界定产品所有权。以农村改革为例，当初将集体土地的产权承包给了农民，于是交足国家的、留足集体的，剩下的就是农民的。再比如国企，国企的厂房、设备等生产资料归国家所有，而企业之所以能将产品用于交换，也是因为国家将产权委托给了企业，让企业拥有了产品的所有权。

写到这里，细心的读者会问，农村土地承包后产品归农民私有，可国有企业产品归全体职工所有怎能说私有呢？这正是本文要讨论的第三个问题。事实上，当年马克思讲"产品私有"并非指某人独自占有，而是说产品要有不同占有主体。占有主体可以是一个人，也可以是一群人。比如原始社会部落间的交换，占有主体就不是部落首领，而是部落的全体成员；合伙制企业的产品私有，也非某人独自占有，而是合伙人一起占有。

最后让我总结本文要点：第一，商品交换的前提不是生产资料私有，而是产品私有；第二，所有权不同于产权，两者可以分离；第三，产品是否私有与生产资料所有权无关，关键在产权如何界定。基于此本文的结论是：只要明确界定产权，公有制与市场经济并无冲突。

从交换角度看分配

关于交换与分配我皆写过文章，不过之前都是分开写；而这篇文章我想将两者联结起来，当然不只是分析它们间的关系，而是要从交换的角度讨论分配，并且是在理论层面探讨市场经济的一般分配规则。

在古典经济学里，最著名的分配规则当属萨伊的三位一体公式："资本—利润、土地—地租、劳动—工资。"此公式也称"按生产要素分配"。当年读《资本论》就知道马克思批评过萨伊，后来读萨伊的《政治经济学概论》，我也认为萨伊的理论有错。可没想到的是，2002年中央将"确立劳动、资本、技术和管理等生产要素按贡献参与分配的原则"写进了十六大报告后，学界却有人说萨伊没有错。

可以肯定地说，萨伊是错了的。他错就错在混淆了收入来源与收入分配的区别。在他看来，资本得利润与土地得地租，是因为资本创造了利润、土地创造了地租。而马克思批评说，收入（价值）来源于劳动，资本与土地只是创造收入的条件。的确，收入来源与创造收入的条件是两回事。爱迪生发明电灯需要试验室，可我们能说是爱迪生与试验室共同发明了电灯吗？

这是一方面；另一方面，资本与土地虽只是创造收入的条件，但让它们参与分配却没有错。对为何要允许生产要素参与分配，目前国内学界有两点解释：一是生产要素对收入创造有贡献；二是中国尚处在工业化中期，资本、技术、管理皆短缺，不允许要素参与分配则无以调动全社会资源。还有人举证说，近 30 年非公有制经济风生水起，一个重要原因就是允许资本参与分配。

以上解释我同意，不过从学理看，这样的论证并不严密。科学逻辑说，某个理论命题成立，一定是在特定的前提下成立，若离开了前提便不成立。按要素分配理论也不例外，我认为至少有两个前提：第一，生产要素要有不同的占有主体；第二，产权要有明确界定并受法律保护。若没有这两个前提，不仅不存在按要素分配；甚至也不会有市场交换。

对第一个前提，马克思曾有精辟分析，下面这段话相信读者也熟悉。马克思说："商品不能自己到市场去，不能自己去交换。因此，我们必须找寻它的监护人，商品所有者。"同理，生产要素也是商品，若没有占有主体也就没有监护人，没有监护人生产要素也不能自己卖自己。所以生产要素要进入交换，也必须有占有主体。

对第二个前提，我的看法是这样：如果生产要素有占有主体但若产权不受保护，这样不仅不能产生交换经济，相反会导致强盗经济、土匪经济。不妨设想一下，国家不保护产权意味着什么？那无疑是说，国家承认或者默认弱肉强食规则；意味着抢劫盗窃、欺行霸市等皆不违法。若如此，侵占别人财产不被治罪怎可能出现交换呢？

显然，以上前提其实是交换的前提，读者可能要问为何将交换的前提设定为分配的前提？我明白读者的疑惑。因为表面看分配并不同于交换，而且在人们的观念里，分配是主体对客体的分配；而交换却不分主客体，强调的是等价交换。对此我要指出的是，人们所理解的那种主体对客体的分配是计划体制的分配，市场体制的分配实际就是交换。

想想住房分配吧。过去计划经济时期城市的房产大多公有，那时住房通常是由政府根据人们的职级、工龄等分配；而实行市场经济后，住房产权被界定为居民所有且受法律保护，于是住房分配也就不再由政府主理，而是让居民进入市场购买，变成了交换。从这个例子可见，在市场经济下，只要明确界定产权并保护产权，分配就是交换，交换也是分配。

回头再说分配规则。我的推论是：若要素产权得到界定并受保护，则企业分配必是按要素分配。何以有此推论？为简便起见让我用例子解释：假定有三个人，他们分别是资本、土地和劳动力的所有者，经过协商，他们同意将各自生产要素组合起来办企业，结果一年收入了 1000 万。这 1000 万怎么分配？假如国家保护产权，三个要素所有者都应参与分配，不然剥夺任何一方分配权皆是对"产权"的侵犯。

是的，按要素分配是企业分配所应遵循的原则，但这只是一个原则，若进入操作层面还会有一个难题，那就是资本、土地和劳动力参与分配的比例怎么确定？理论上讲，应该看它们各自的贡献，可问题是我们怎么知道不同要素的贡献呢？我认为要解决此问题还得从交换入手，虽然我们不知道它们各自的贡献，但通过交换却可以确定。

事实上，对怎样确定收入分配比例马克思早就为我们提供过思路。在《资本论》中他明确地讲：利润是资本的价格；地租是土地的价格；工资是劳动力的价格。照此理解，确定要素的收入分配比例其实就是给要素定价。这样一来问题就变得简单了，价格由供求定，各要素在收入分配中究竟占多大比例，最终就取决于它们各自的供求状况。

写到这里再说几句题外的话。最近学界就国内工资问题产生了不小的争论，有人认为目前工资偏高推高了企业成本，主张降工资；但也有人反对，认为工资不仅不高反而偏低。我的看法，工资高低谁说了也不算，要由劳动力供求定。不过随着人口老龄化、劳动力日渐短缺，未来工资上涨恐怕不可逆转，这样看降工资未必是明智之举。

平均主义的产权推定

到云南沧源佤乡做客，主人招待你会有一道特殊的菜肴叫"鸡肉烂饭"。说它是道菜，但看上去却像饭。所不同的，是饭里掺入了些许的鸡肉。笔者不是美食家，也无意对此作过多评点，我要说的，是鸡肉烂饭背后的产权含义。

在地图上看沧源，她不过是西南边陲的一个小县。但40年前，有首《阿佤人民唱新歌》却家喻户晓，唱遍神州。阿佤人民，就是居住在这里的佤族同胞。说到沧源，有两点值得交代：第一，沧源与缅甸接壤，站在县宾馆推窗南眺，金三角近在咫尺；第二，佤族同胞是直接从原始社会，一步踏进社会主义。

沧源山川秀美，物产丰富。可难以想到的是，10年前这里还是国家级贫困县，农民人均年收入，区区千多元。时任县委余炳武书记是我旧识，曾在中央党校学习，听过我授课，有师生情分。那次赴沧源调研，碰巧是由他出面接待。他乡遇故知，我们之间的交谈，自然就少了场面上的客套，多了理性的成分。就农民如何致富，我们开门见山，进行了一次直问直答的对话。

我问：农民不能致富的梗阻在哪？他答：当地农民观念滞后。我问：何为观念滞后？他答：农民靠天吃饭，温饱即安，不求富裕。我问：人都会追求富裕生活，为何这里老百姓不想勤劳致富？他答：习惯了吃大锅饭，平均主义根深蒂固。我问：为何平均主义积重难返？他答：佤族群众从原始社会直过而来，没有私产，缺乏市场意识。

我问得简单，他答得明白。要不是亲眼目睹，你很难相信佤族人没有私产的说法。不过在沧源考察，身临其境，我们发现佤族人不仅生活极其俭朴，而且几乎就没有私产。在内地，住房算是一项重要私产吧？可佤族人盖住房，却只为遮风躲雨，从不大兴土木。其简陋的程度外人实难想象。由于房子不值钱，连他们自己也不把住房当财产看。至今，他们盖房都是当天完工，若当天不能盖完，就弃之不用，第二天再择地重建。

是的，人们没有私产，自然不会有市场意识。马克思当年讲得清楚，交换产生于两个前提：一是分工；二是私产。道理浅显不过。在无私产的地方，是不可能有物品可以用于交换的；相反，此种情形下的劳动成果分配，唯有吃大锅饭，否则别无他法。陪我们下乡的临沧市委宣传部杨部长，给我们讲过当地一个有趣的习俗。在佤族寨子里，要是有谁家杀了猪，那么全寨老少都会不请自到，而且一顿吃光、不留剩余。

前面提到的鸡肉烂饭，便是佤族人吃大锅饭的一个极端例子。其实，佤族人不仅宰猪要一同分食，就连杀只鸡，大家也得一起分享。起初，我不知一只鸡怎可让众人同食，于是向一位乡干部打听。他说，佤族人的办法，是煮上一大锅稀饭，然后把鸡肉熬在稀饭里。如此一来，就可见人有份、绝对公平。朋友，也许你并不赞成这种平均主义的做法，但试想一下，在生产力落后、产品没有剩余的情况下，你能想出比"鸡肉烂饭"更好的制度安排吗？

大锅饭虽说是一种无奈，但客观地看，这也是历史的选择。千百年来，佤族人世代繁衍，生生不息，恐怕就得益于这种分配方式。但应看到的是，中国经济体制已经转轨，这种大锅饭的习俗，不患寡只患均，与市场经济明显地格格不入了。开放社会，佤族同胞不可能关门过日子，山外的世界很精彩，尤其是进入新世纪后，举国上下奔小康，若大锅饭不破，阿佤人不能发家致富，他们与山外的差距会越拉越大。

问题在于，大锅饭经年累月，自古亦然。要打破这种路径依赖，必须有政府介入才行。我考虑，眼下政府的当务之急是要加大财政投入，改善佤乡的农用基础设施。过去，由于基础设施太差，当地群众只能靠天吃饭，天不下雨歉收，下雨多了也歉收。既是如此，人们只好听天由命，不思进取。若政府下力改善基础设施，让农民能抵灾御害，旱涝保收，那么，人们丰衣足食，产品才会有剩余。

产品有剩余是一方面，跟下来，还得培育产权意识。经济学讲，人们追求利益最大化有一个前提，就是私产能得到保护。假如私产别人可以随意取用，世上就不会有人肯积攒私产。可现在的困难是，佤族人并无私产意识。对此，政府应再出手相助，做些引导。在沧源，我参观过一个佤寨，当地政府买砖买瓦，替农户将住房翻修一新。意想不到的是，当房子值钱后，人们的观念陡然有了改变。如今在佤寨品尝鸡肉烂饭，再也没有免费午餐了。

以上两点重要，但政府要做的却不止于此。大致说，科技下乡、贷款融资、子女上学、看病养老，这些都事关民生福祉，政府也应该尽早谋划。所幸的是，两年前临沧市就启动了"小康村、生态村、文明村"建设工程，为佤乡群众脱贫致富，市委已有周密的部署。50多年前，佤乡人民曾从原始社会直过到社会主义，那么今天，佤乡要再来一次跨越，从贫困村直过新农村。

沧源直过，世人将拭目以待！

社会成本的内化路径

中国政府承诺 2020 年碳排强度将比 2005 年下降 40%—45%。一诺千金，国际社会一片叫好。叫好归叫好，未来几年我们将要面临的压力可想而知。中国历来说话算数，时不我待，当务之急是要尽快拿出切实可行的减排办法来。

科斯 1960 年发表的《论社会成本问题》一文，被公认是20 世纪经济学重要的经典文献，而科斯讲的所谓社会成本问题，其实就是讲如何通过分摊社会成本（即界定产权）解决经济的负外部性。他的这一理论对环境保护框架的设计可以借鉴。受其启发，我想到了以下十点，让我分点陈述：

一、众所公认，碳排放是造成目前环境污染的重要原因，而环境事关大家的公共利益，可为何企业不主动限排呢？对此经济学的解释，是企业私人成本与社会成本分离。换言之，碳排放对环境损害所发生的成本（治理环境的费用与居民受到的损害）企业并不承担，而是转嫁给了社会（政府或居民）承担。正因如此，所以企业为了追求利润最大化才对碳排放漠不关心，甚至肆无忌惮。

二、由此可见，减少碳排放关键是要将社会成本内化为企业成本。问题是怎样内化？英国经济学家庇古提出的方案是，由政府先向碳排企业征税，然后再对居民予以补偿。此办法无疑是一个思路，也有国家曾经这样处理。可经济学家科斯认为，庇古方案虽能将社会成本内化，但并非解决环境问题的优选，更不是唯一选择。

三、科斯提出的方案是，以交易成本高低来分担社会成本。在科斯看来，碳排权的分配，其实就是社会成本的分摊，说到底是产权的界定。若将碳排权界定给了企业，企业就无须承担社会成本；若将碳排权界定给了居民，则企业就得承担全部社会成本。而至于碳排权在企业与居民间如何分配，政府不必管其他，只需看界定给谁的交易成本更低。

四、交易成本是指除"生产成本"之外的"制度成本"，包括信息搜集、谈判沟通、组织协调等费用。这样看，在工业化初始阶段，由于环境未出现普遍污染，公众环保意识也不强，那时将碳排权界定给企业一般不会遭到居民反对，故交易成本会相对低；但随着工业化的推进，特别是到了工业化中期后，环境逐步恶化，公众环保意识增强，若仍将碳排权全部界定给企业会招致居民的抵制，由此形成的交易成本会升高。

五、既然随着工业化提速，将碳排权界定给企业的交易成本呈递升趋势，由此推出的政策含义是，为了降低交易成本，碳排权分配给企业的比例应逐步调低，而分配给居民的比例应逐步提高。大致说，在工业化初期，碳排权可更多地分配给企业；在工业化中期，企业与居民可各占一半；而工业化后期，碳排权则应更大比例分配给居民。

六、分配碳排权是将碳排放社会成本内化的重要一步，但仅此不够，政府还得允许碳排权进入市场交易。若没有碳排权交易，不仅社会成本难以内化，而且目前大量碳排超标企业由于无处购买碳排权得立即停产甚至倒闭，失业增加，难免会造成社会震荡。若开放碳排权交易，碳排超标企业可到市场购买碳排权，有了缓冲期，企业便有时间进行技改实行节能减排。

七、可以想见，开放碳排权交易后，即使市场有碳排指标供给，但也会有少数企业买不起而难以存活。怎么办？对此政府绝不可患得患失。我们要兑现减排40%—45%的承诺，别无选择，今后几年必须关闭一些高污染企业，何况淘汰落后企业本来就是推动碳排权交易的目的所在。所不同的是，以往限排是靠行政命令（如政府下令关闭某高污染企业）；而现在用的是市场机制。既然都是关闭，让市场淘汰要比行政关闭可取。

八、应指出的是，淘汰部分高排放企业只是开放碳排权交易的目的之一；另一目的，是鼓励企业减排。比如当政府将碳排权分配给企业后，有企业若能够节能减排，用不完的碳排指标就可拿到市场去卖，显然这是一种积极的正向激励。如果政府行政限排主要是"罚"，而碳排权交易则恩威并重，是有奖有罚。

九、前面说了，进入工业化中期后，碳排权应在企业与居民之间分配。这样一来，不论在操作层面具体的分配比例怎么定，居民都会拥有一定数量的碳排权。既如此，那么居民就理所当然有权作为供给者参与交易，不然居民被排除在交易之外，不仅污染损害无从补偿，而所分配到的碳排权也就形同虚设。从这个角度看，碳排权不能只限于企业间交易，而应有居民的参与。

十、困难在于，居民人多分散，每个人拥有的碳排权相对少，若让居民参与交易，日后企业就得逐一向居民购买碳排权，这样企业的谈判成本无疑会增高。鉴于此，我认为弥补之法是组建若干地区性碳排权"银行"，让居民将碳排权存入"银行"，然后委托"银行"集中与企业交易。而此法的要点是："银行"要相互独立，之间要有竞争；同时为保障居民权益，要让居民有权自主选择银行。

这些天日思夜想，反复推敲，自己认为以上十点逻辑上没有错，操作上也可行。这里公之于世，算是与读者作一次公开交流吧。

最优配置方法

定义"公平"的困难

基尼系数并非收入差距

幸福感与收入差距

政府补贴悖论

从税负转嫁看减税

公平分配原理

"帕累托最优"的要义

定义"公平"的困难

　　研读经济学数十年，发现有个现象奇怪：政府历来重视公平，学界研究公平的专家也很多，可不知何故至今对公平却不见有普遍认同的定义。英国经济学家庇古被认为是较早关注公平的学者之一，1920年出版了《福利经济学》，但学界对他提出的"收入均等化定理"是否反映公平一直有争议，有人甚至持相反的看法。

　　公平作为一种价值判断，由于人们的文化背景、利益取向、收入状况不同，对公平的理解也不同。不信你到大街上去问路上行人什么是公平？三个人，没准会告诉你四种答案；最近我查阅相关文献，想不到专家对公平的看法也是五花八门、大相径庭。本人有自知之明，不敢贸然给公平下定义，不过有一点我清楚，知道目前公平定义的缺陷在哪里。

　　学界看公平，大致有三个角度：一是结果公平；二是机会平等；三是起点平等。从结果看公平，通常的做法是用基尼系数去判断。基尼系数是衡量收入差距的指标，反映的是收入平均化状况。主流的观点说，基尼系数大于 0.45 即为差距过大，则收入分配不公平。这做法是将公平等同于平均，但想深一层，平均分配其实未必就公平。比如你比我能干，贡献也比我大，如果我和你平均分配收入，你觉得对你公平吗？

机会平等貌似公平，但若起点不平等，机会平等也未必公平。假如有一幅名人字画拍卖，你我都有机会竞买。不同的是，你整天游手好闲，却靠祖上遗产富甲一方；而我前辈一贫如洗，自己勤扒苦做收入仍不及你九牛一毛，尽管我比你懂得欣赏字画，可和你竞买，我成功的概率是零。再比如，政府斥巨资建造体育馆，并免费向公众开放，说起来大家享用体育馆的机会平等，但若体育馆建在城市，对乡下的农民显然就不公平。

可见，机会平等是否公平，关键要看起点是否平等。问题在于，真实世界里人们的起点是不可能平等的。参加歌手大赛，宋祖英嗓音甜美，你五音不全，你凭什么要求人家宋祖英与你起点平等？你天生聪慧，我愚笨如牛，一起参加高考，我却要求你的智商和我一样低，你也不会答应对不对？其实，五个手指伸出来不一般齐，人的禀赋不同，要求起点平等，无疑对禀赋高的人也不公平。

说过了，我能指出现行"公平定义"的缺陷，但却不知怎样给公平下定义。近来日思夜想，一直有个疑问：公平是否就不能被准确定义？或者说，公平的标准本来就不该人为地设计？定义不清楚，想设计也设计不了。当然，这并不是说政府对公平就束手无策，公平虽然不能准确定义，但对不公平的事却很容易看得出，尤其对身边的不公平，人们的判断往往能高度的一致。

举例说，高考分数线的划定。对边疆民族地区录取线低一些大家没意见，而且觉得合情合理；但对北京地区考生享受照顾却大为不满。是为何故？因为北京地区有一流的师资与教学设施，考生的条件得天独厚却反而录取线比外地低，人们当然认为不公平。前几年，有外地家长为把孩子户口办进北京，来北京买房置地，可政府一纸禁令要求彻查高考移民，结果反而加剧了不公平。

搞市场经济，有收入差距在所难免。别以为收入有差距就是不公平，其实老百姓并不这么看。你诚实劳动、守法经营致富，大家会羡慕你；你走私贩私、制假卖假，大家会痛恨你；你以权谋私、受贿敛财，大家就会反对你。因为后两种人损人利己，搞的是邪门歪道。还有，即便是合法致富，但若贫富差距过大，有人挥金如土而有人吃不饱肚子却得不到扶助，人们也会觉得不公平。

再说城乡差别。现行的户籍制度限制人们迁移自由，不仅对农民不公平，特别是对农民子女也不公平。比如义务教育，本来是要由政府免费提供，不论城市还是农村的孩子，九年义务教育皆应一视同仁。可现实却是，城里的孩子上学不收学费，而农民工子女却要交借读费。同样是医病，城里人可以报销，农民却要自掏腰包；同样是养老，城里人有社保，农民却只能养儿防老；城里修路政府拿钱，农村修路却让农民集资。

诸如此类的不公平，若不是故意视而不见，谁都可以再列举一些。有趣的是，学界不能恰当地定义公平，可老百姓却对公平与否看得一清二楚。这就应了那句古话，"公道自在人心"。若将此推展到政策层面，其含义是，政府求公平，大可不必事先设计出什么框框，而是要相机调节，不断消除多数人认定的不公平。这是说，追求公平是一个渐进的过程，不可一蹴而就，也不能一劳永逸。

若以上分析成立，政府追求公平我认为要把握好以下三个原则：第一，公平要以民意为依归。对社会反映强烈的不公平现象，政府应及时化解，不可听之任之。第二，要优先照顾弱势群体。搞市场经济难免有收入差距，有差距不要紧，要紧的是政府要对低收入者予以补贴。第三，要维护平等竞争的权利。目前的户籍管制，行政垄断等皆有悖于平等竞争原则，政府应尽早解除。

基尼系数并非收入差距

　　学界通常用"基尼系数"衡量收入差距，比如有人说中国的收入差距大，理由是官方公布的基尼系数超过了 0.4。这数字是怎样算出我不知道，但既然是官方数据，权威性不容置疑。不过身边朋友皆说此数不可信，认为实际差距比这大得多。数字准不准不管它，收入存在差距我相信是事实，老百姓有不满也是真的。

　　大家希望缩小收入差距，我理解。但为了把问题说明白，我认为应先讨论什么是收入，或者收入差距应该怎么算？举个例子，某民营企业一年利润 2 000 万；而某员工一年工资 10 万，请问企业 2 000 万利润算企业主收入吗？倘若这么算，那么企业主收入就是员工工资的 200 倍，差距可谓大也。问题是，员工工资多数是用于个人消费；而企业利润少量会用于企业主消费，而大量则用于投资，两者肯定有不同，读者是否注意到其中的分别呢?

说到收入,我们不能不提到经济学家费雪。当年费雪写那本大名鼎鼎的《利息理论》,开篇就讲"收入是一连串事件"。什么意思?费雪用三个概念解释。一是享用收入。费雪强调,货币只有当用于购买食物、衣服、汽车等进行享受时才成为收入。二是实际收入。享用收入是心理感受,没法度量,所以他认为可用实际收入(生活费用)来近似反映,比如我们用晚餐或看电影,其享受虽无法用多少元衡量但却知道花了多少钱。三是货币收入。这个简单,就是指用于支付生活费用所得到的货币。

很显然,在费雪那里所谓"收入是一连串事件",其实是说收入是一连串的消费(享受)。他讲得很形象,以家庭门限为界,不管你赚多少钱,把面包、黄油、衣服、汽车等买进家门并立即消费了是收入,否则就不是收入而是财产。还是上面的例子,某企业主一年进账 2 000 万,若支付生活费用为 20 万,那么这 20 万是他的收入;剩下的钱若存银行是储蓄,买了机器是投资。但无论储蓄还是投资,都是企业主财产(资产)而非收入。

费雪如此界定收入,或许有人不同意,因为不仅教科书上不这么说,而且与人们惯常理解也大相径庭。不过就我本人而言,却完全接受费雪,并非盲从,而是觉得只有从他的收入视角才能解通世事。举我自己的例子,当年从人大毕业求职，本可去一家外企就业，月薪 3 000；也可到党校任教，月薪 300，可我最后选择了党校而放弃外企你知道为什么？外企薪酬虽是党校 10 倍，可党校能提供住房外企却没有，这样在我看来在党校教书的收入（消费）并不低于外企。

以上说的是自己选择职业，若再换个角度，让我与那些私企老板比又如何？昔日师友今天在商界的成功者不乏其人，人家开公司日进斗金，而我做教授月入仅数千，你认为我会羡慕他们吗？说实话，一点没有是假的；但如果你认为我会后悔当初自己没下海那就错了。曾与一位做老板的师兄探讨过，表面看，他的收入（生活费用）确实比我高，但除开商务应酬，单论个人收入（消费）却也相差无几，至少没有原来想象的那么大。

绝非吃不着葡萄就说葡萄酸。我说自己与老板（师兄）收入相若，那仅是从个人消费看；若转从财产看就不同了，他资产过亿，而我呢？除了手头那点微不足道的股票和所住的房子别无其他，两者当然没法比。由此见，我等工薪阶层与私企老板的差距，主要是在"财产"而不在"收入"。不信你再去读读《资本论》，会发现马克思揭示资本积累趋势也是从财产角度讲的，所谓财富积累与贫困积累，比较的并不是资本家与劳动者的个人收入。

回头再说基尼系数。有个误会需要澄清：不少人以为，基尼系数反映的是收入差距；学界也有人这么看。事实上，这种看法是错的。基尼系数虽也包含收入差距，但那仅是一小部分，无足轻重，它所反映的主要还是财产差距。比如有人讲中国20%的人口拥有80%的财富，显然说的是财产而非收入。既如此，于是这就带来了一个问题，若基尼系数高是指财产差距大，那我们如果只单调收入不调财产岂不是避重就轻？

是的，比起收入差距来，目前的财产差距的确更大，也正因如此，所以我认为与其调收入就不如调财产。再说，政府调收入的办法也并不多。前文讲，收入即消费。这样调收入实际是要调消费。问题是消费怎么调？最近拜读了不少学者的文章，来来去去似乎就两条，即对工资"限高"或者"提低"，可难题在于工资乃劳动力之价，高低要由市场定。政府"限高"只能针对国企，对私企则鞭长莫及；当然，政府可提高最低法定工资，但前提是得先减税，若只加工资不减税，失业增多反而麻烦更大。

至于如何调财产，限于篇幅容我只说重点：第一，明晰农民耕地产权。咄咄怪事，目前中国农民有房有地却无财产，究其原因，是国家没给农民耕地产权。第二，对财产课重税。现在不少富人到处买房置地，你钱多买什么别人管不了，但要调财产政府应对其征重税。第三，开征遗产税。此事已议多年，但不知为何至今未开征，也不知究竟难在哪里。我所知道的是，若再久拖不决日后财产差距会越拉越大。

幸福感与收入差距

小时候读三字经，倒背如流，对开篇讲"人之初，性本善"从不怀疑；后来进大学读经济，知道亚当·斯密的"经济人假设"说人性自私，便大惑不解。问过教授，教授说，要推断人的经济行为，就应做如此假设。

"性善"到底是否为人类与生俱来，非本文重点，不讨论。人到中年，经历的事多，见过光明磊落的君子，也遇过心底阴暗的小人。但不论哪一类，我个人的看法，多数人都有同情心。古代劫富济贫的绿林好汉，现代乐善好施的阔佬，不是说他们都有高尚的情操，但用同情心解释其善举，不会错到哪里去。

是的，同情心是人类的天性。敢打赌，假如有人撰文，大声疾呼政府加多穷人福利，不管用何理由，哪怕是信口雌黄，拍手叫好的一定多；相反，若有人不识时务，指出其逻辑纰漏，就算说得对，那也会千夫所指，被骂得狗血喷头。现成的例子，当年撒切尔为医治英国"福利病"，曾有意削减福利、平衡收支，结果触犯众怒，连她的母校牛津大学，都不肯授她荣誉博士学位。

所以我担心，我们今天讨论扶贫会不会一样缺乏理性。扶贫我当然赞成，但以国家现有的财力，究竟怎样做才能既帮助穷人，又促进社会和谐，是重要问题，需要冷静处理。遗憾的是，当下学界关注的重心，似乎是在收入差距方面。参加了几次学术沙龙，听学者谈"差距"，眼界大开，没想到，会有人把基尼系数计算出 6—7 个结果来。

佩服这些学者肯下苦功，也不否认他们研究的意义。但我不明白，过多地张扬差距，对社会和谐的好处在哪里。中央提出构建和谐社会，无论如何，是要提升国民幸福指数，而不是走回头路，去搞平均主义。何况经济学已证明，收入与幸福并不是一回事，诺奖得主卡尼曼教授作过调查，美国人的收入与 50 年前比多了 3 倍，但今天美国人的幸福程度，却并不见得比战前高。

其实，幸福是一种主观感受。幸福不仅来自收入，也来自人们比较的参照。说我个人的经验。早年在老家种地，面土背天，煞是辛苦，但那时只要能吃饱肚子，就会觉得幸福。为何？因为经常挨饥抵饿，对比的是穷日子。改革开放后，人们丰衣足食，不承想，不满足的人反而多了，端起碗来吃肉，放下筷子骂娘。何故？原因是比较的参照变了。我现在做教授，月入数千，比之从前心满意足；但若硬要我去跟那些日进斗金的明星大腕比，岂不会郁闷得要跳楼？

幸福来自比较的参照，相信读者都有类似的经历。比如你去一家小店就餐，一杯清茶收你 30 元，你也许会不乐意；但当你到五星酒店，同样一杯清茶，收你 30 元为何可以接受呢？原因是你觉得五星酒店的环境与服务好，物有所值。但只要你这么看，就有了固定的参照，而且一旦形成，将会影响到你日后的幸福感受。读过奚恺元先生的大作，书名忘了，但他介绍芝加哥大学塞勒教授的一项实验，有说服力，恕我借用一下。

塞勒教授设计了一个场景，一帮躺在海滩上的朋友想喝啤酒，刚好切尼要去附近的杂货店办事，于是说，他可去买啤酒，但不知大家多少钱一瓶可接受，经过合计，最后出价是 1.5 元。切尼又问，如果杂货店不卖，而去旁边的酒店买，各位肯出多少钱？又一番合计，出价竟是 2.65 元。想问读者，啤酒是标准品，从不同的地方买同样的啤酒，出价为何会有差异？答案是，人们对比的参照不同。

跟下来的试验，是切尼以两元的价格买回了啤酒。起初他告诉朋友，说啤酒是从酒店买的，大家听了很高兴，比预期的价格低，认为是得了便宜，于是开怀畅饮；可没等大家喝完，切尼道出了真相，说啤酒是买自杂货店，结果大家垂头丧气，一个个都觉得吃亏。有趣吧，同样的啤酒，同样的花费，只要说出不是买自酒店，人们的幸福感则陡然消失。

这又我让想起当年"忆苦思甜"。今天的年轻人不知，在我的小学时代，学校常有忆苦会。主讲人都在旧中国生活过，苦大仇深，他们讲日本人在中国如何烧杀抢夺，讲国民党如何横征暴敛，讲地主老财如何欺压穷人，辛酸的故事，曾令我泪流不止。于今回顾，当年的忆苦会，让我受益良多。至少，在当时缺吃少穿的时候，我感觉自己是幸福的。

写到这里，回头再说扶贫。我的观点，扶贫助弱，政府当然应竭尽全力。但困难在于，政府不会点石成金，财力所限，不可能让穷人一夜脱贫，所以要改善穷人的状况，必须逐步来，不能急，也急不得。既然如此，学界当前要做的，应是引导人们正视差距，通过勤奋劳动缩小差距。而不是相反，过度地渲染收入差距、鼓励攀比。那样做，除了博得掌声，助长仇富心理，对社会和谐有害无益。

空谈误国。真正关心贫弱群体的学者，应该拿出点管用的办法来。

政府补贴悖论

大概同情心是人的天性，与生俱来，所以学界反对政府补贴的并不多。20世纪初，英国经济学家庇古研究福利经济，一时间风生水起，并影响过当时英国的政策。不过好景不长，二战后福利便开始缩减，据说撒切尔因为减福利，母校牛津大学始终不肯给她"荣誉博士"学位。

说来也巧，今年的经济学诺奖得主安格斯·迪顿也是英国人，他的主要贡献，是研究贫困与不平等。其中一个观点：若不改变造成收入差距的不平等，援助穷人不会让穷人逃离贫困。此观点国内媒体争相报道，公众好评如潮。看网上评论，这些天迪顿仿佛成了人们心目中救苦救难的菩萨。

其实，迪顿的理论并不高深，类似的观点国内早有：如授人鱼不如授人以渔；输血不如造血，可惜我们都是形象说法，算不上理论，也没有人像迪顿那样下功夫用数据去验证。所以对迪顿获奖虽然意外，但并不奇怪，应该衷心为他鼓掌。正是受迪顿启发，我这里也来讨论扶贫。准确地讲，是讨论政府补贴与扶贫的关系。

关于政府怎样补贴穷人，之前我写过多篇文章：《从供求看农业补贴》（2005 年）、《政府不必补贴富人》（2006 年）、《补砖头不如补人头》（2007 年）、《关于家电骗补问题》（2013 年）。今天重读自己的这些旧作，观点仍没变；但观察问题的角度已经有了转变。在我看来，分析政府补贴不能一事一议，应从理论层面作更深入探讨。

以往的政府补贴，名目繁多：如住房补贴；家电补贴；农机补贴；化肥补贴；农药补贴；燃油补贴等，不一而足。我们无须怀疑政府的初衷，但效果却往往事与愿违。举例说，前几年政府为了资助穷人买房，拿出大量资金补贴建经适房。结果呢？经适房穷人买不到，购房者多是富人，这样富人反而搭了穷人的便车。

有人说，那是因为补贴方式不对，若政府不补贴建经适房，而发购房券让穷人自主购房，富人怎可能搭穷人的便车？是的，补贴建房是间接补贴，发购房券是直接补贴，论效果，"补商品"确实不如"补货币"。我在《补砖头不如补人头》一文中也持这观点。然而想多一层，补货币难道就一定是补穷人么？答案是"不一定"。

让我再举一个例子。几年前我赴河南豫东农村调研，当地农民告诉我，他们对政府发放农药补贴很感激，但他们并没得到实惠。怎么回事？陪同的乡干部解释：一瓶杀虫剂原先是50元，可政府给了农民货币补贴后，杀虫剂马上涨价，补多少涨多少，结果真正受益的不是农民，而是商家。

可见，货币补贴虽可解决购房一类的问题，但却不能包治百病，别的问题还是解决不了。这是说，无论补商品还是补货币，穷人都有可能不是受益者。这显然背离了政府补贴的初衷。政府的初衷是扶贫，可到头来补贴的却是富人。我称这现象为"政府补贴悖论"。

政府补贴为何出现悖论？从学理分析，我认为有两个决定因素：一是市场主权；二是补贴方式。众所周知，市场分卖方（主权）市场与买方（主权）市场，商品供不应求为卖方市场；反之为买方市场。而补贴也分两种：即商品补贴与货币补贴。若将两类市场与两类补贴相互搭配，便有以下四种组合：

组合一，买方市场与补贴商品。在此情况下，由于商品供过于求，价格有下降压力，若政府此时补贴商品，受益者只能是生产商。家电补贴是典型例子。前几年政府补贴家电，而多数穷人迫切需要的并非家电，如此一来，家电商拍手称快，穷人只能望"补"兴叹！

组合二，买方市场与补贴货币。我认为在此情况下补贴的受益者是穷人。因为市场上商品供应过剩，价格会往低走；而同时政府补贴的又是货币，这样穷人拥有自主选择权，商家不可能挤占政府给穷人的补贴。

组合三，卖方市场与补贴商品。若市场是卖方主权，表明商品供应短缺，价格有上涨压力。此时政府若补贴商品，价格不一定会下降。即便政府直接限定补贴商品的价格，由于供不应求，穷人未必能买到。要不就得找门路、托关系，而其中花费一定不会少。经适房是这方面的例子，我不多说。

组合四，卖方市场与补贴货币。很多人以为，只要政府不补贴商品而补贴货币，穷人则可受益。可实际远比这复杂。商品供不应求，价格要上涨；若政府再给穷人补贴，需求会进一步拉升价格，这样商家通过涨价就能轻而易举地将政府补贴吸尽，如前面提到的农药补贴就是例证。

显然，以上四种组合中，只有第二种组合（买方市场与补贴货币）可取，其他三种组合名义上是补贴穷人，实际皆是补贴富人，这正好也印证了迪顿的推断。当下的困难：一方面，政府对穷人不能袖手旁观；而另一方面又难以帮到穷人。怎么办？我这里提两点建议：

第一，将补贴商品一律改为补货币。今后政府补贴穷人不再补贴商品，应直接补货币。财政的钱来自税收，拿纳税人的钱补贴商品，不仅穷人不受益，而且会导致不平等竞争。前几年就有人质疑：政府为何补家电而不补服装？理由没人说得清。

第二，在补货币的同时推进与改善供给。商品过剩时政府可给穷人补货币；但当商品短缺时，政府应着力推进与改善供给。供给不增加，给穷人补货币不过是为富人作嫁。所以政府可以给穷人补货币，我认为重点是鼓励生产，保障供给。

从税负转嫁看减税

我在《政府补贴悖论》一文中曾说，政府给穷人补贴，最后受益者未必是穷人。商品过剩，给穷人货币补贴穷人会受益；但若商品短缺，补贴穷人则不如推进供给。至于怎样推进供给，限于篇幅那篇文章没有谈，其实我的观点，办法之一是减税。从财政角度看，减税是财政给企业让利，也可看作是政府对企业的补贴。

这样讲，我想读者一般会同意。但如果我说政府减税未必就是补贴企业而也可能是补贴消费者，很多人恐怕会一头雾水。我写这篇文章，正是要讨论怎样判别政府减税的受益者。或者换句话说：政府在何条件下减税是补贴企业；在何条件下减税是补贴消费者。若弄清了这一点，即可推出今后结构性减税该如何安排更合理。

说政府减税有可能是补贴消费者，并非我的主观臆断。

想想 2009 年启动的结构性减税吧，读者可知道此次减税的背景？原来，2007 年年底颁布新劳动法后，法定最低工资标准平均大约升高了 20%，这样一来工资就挤占了利润。不巧的是，次年又遇上美国金融危机，内外交困，当时不少企业喊救命，为了救企业，政府这才启动减税。

是的，看上去那次减税是补贴企业，但我却认为是在补贴职工。事情明摆着，若任由工资挤占利润，长此以往企业可能会关门。企业一旦关门，不仅提高的法定最低工资不能兑现，而且职工还得下岗。可见那次减税不过是政府替企业给职工加工资，不让工资再挤占利润，此举虽也减轻了企业压力，但补贴的真正受益者是职工不是企业。

以上当然只是特例，事实上，消费者也并不总是减税的受益者。比如政府给企业出口退税，受益者就是企业，与国内消费者无关。问题是，我们能否找到一组判据，可一目了然地判定谁是减税的受益者。这问题有点难，但不是绝对找不到。我的思考是这样：政府加税企业可转嫁税负，那么减税后补贴是否也有可能转移？思来想去，我的答案肯定。为便于理解，容我先从税负转嫁说起。

所谓税负转嫁，是指政府加重对企业征税，企业自己不承担，却将税负转嫁给了消费者。企业是怎样将税负转嫁出去的呢？要明白这一点，需借助需求弹性来解释。一种商品价格变动带动了需求变动，其变动率的比值就是需求弹性。如某商品价格上涨 10%，需求减少了 20%，即弹性系数是 2。经济学说，弹性系数大于 1，需求富有弹性；反之则缺乏弹性。

需求弹性与税负转嫁有何关系？让我再举一个例子。若政府对生产酱油的企业加多征税 3%，由于消费者对酱油的需求缺乏弹性，酱油降价不会多买，酱油涨价也不会少买。这样企业将酱油价格提高，销售不会减少，于是加多的税负就转嫁给消费者了。相反，若某商品需求弹性高，价格上涨会导致需求大幅下降，这样税负就转嫁不了，只能由企业承担。

由此见，企业税负能否转嫁，关键在商品能否提价，而商品能否提价，又决定于需求是否有弹性。若我们把角度倒过来研究减税，道理也相通。前面说，减税是政府对企业的补贴，这种补贴会否转移，关键在商品会否降价，若能降价，减税的受益者是消费者；若不能降价，减税的受益者是企业。而决定商品会否降价的因素，也是需求弹性。

个中道理其实简单。假如某商品需求缺乏弹性，降价后需求不增加，企业不会降价；若某商品需求具有弹性，如降价 5%，销售可增加 10%，企业就有可能降价。为何说只是有可能降价？因为企业最终是否降价还要看商品供求。这是说，减税（补贴）会否转移，需从商品供求与需求弹性两个维度考量，对此我们可分四种类型分析：

类型一，商品短缺与需求弹性大。一般说来，商品供不应求价格不会降，减税（补贴）的受益者是企业。但这只是从短期看，若从长远看，由于该商品需求弹性大，供应又存在短缺，政府减税必推动企业扩产，这样随着供给增加，待以时日商品必降价，而商品一旦降价，补贴就会向消费者转移。

类型二，商品过剩与需求弹性大。在此情况下减税，补贴会转向消费者。商品供过于求，价格有下降压力；而需求弹性大，意味着价格下降会带动商品销量大增。企业可以薄利多销，当然会选择降价，不然产品卖不出，减税力度再大企业发展也将难以为继。

类型三，商品短缺与需求弹性小。政府对此类企业减税，受益者是企业，补贴不会转移。一方面，由于商品供不应求，企业不会降价；同时由于需求弹性小，即便降价商品销量也不会同比增加。但要指出的是，对这类企业减税可推进供给，满足消费者需求，短期内有一定的积极作用。

类型四，商品过剩与需求弹性小。政府对此类企业减税，补贴的也是企业。不过此类减税与第三种类型不同，不仅消费者不受益，而且对经济有百害而无一利。商品已经过剩，需求弹性又小，商品降价也不可能减少过剩，反而对过剩会火上加炭。

最后再说减税安排。时至今日，推行结构性减税已成定论，当下的问题是怎样减。据上文分析，若要兼顾企业与消费者利益，并考虑到国家现有财力，我认为政府应优先对第一类企业减税；然后再为第二类企业减；第三类企业也可适当减，对第四类企业则完全不必减。减税作如此安排，读者以为如何？

公平分配原理

　　公平分配一直是社会关注的焦点，去年中央提出"共享发展"后，此话题再度升温。我这里用"公平分配原理"为题写文章有两点考虑：一是由于公平分配与共享发展息息相关，二是想借此对分配理论流变作梳理。当然最终目的则是希望为读者思考"共享发展"提供理论坐标。

　　顾名思义，共享发展是指人们共同分享发展成果，避免两极分化。用一句话说，就是分配要注重分公平。据我所知，最早重视分配公平的思想家是马克思。当年马克思在《资本论》中预言资本主义制度将被新制度替代，依据就是资本主义分配制度不公平，导致了财富积累与贫困积累两极分化。而一个不公平的制度，必被历史淘汰。

　　公平至关重要，也是人心所向。美国著名学者罗尔斯在《正义论》中曾举过一个例子，把一群人送到一个远离现代文明的孤岛，让他们一切从零开始，谁也没有财产，也不知自己的未来，这样由他们就分配制度设计——均等分配还是差别分配作协商，结果怎样？罗尔斯断定，多数人会选择均等分配。这虽是个假设的例子，但罗尔斯的推定不无道理，人类社会早期其实就是均等分配。

英国经济学家庇古 1920 年出版《福利经济学》，他也主张均等分配。庇古说，即便社会财富不增加，只要实行收入均等化也能增进社会福利。何以如此？他给出的论证是：穷人一块钱要比富人一块钱的效用大。对富人来说，多一块钱不过是锦上添花，少一元钱也无伤大雅；可对穷人来说，多一块钱是雪中送炭，少一块钱则可能影响生存。这样将富人收入转移一部分给穷人，社会福利会增大。

20 世纪前半期，庇古的这一观点广受关注，并曾影响过西方国家的政策。当然，其间也有不少人批评，批评的理由有两点：一认为是效用属主观感受，无法横向比较。穷人缺钱可能买不了自行车；富人缺钱可能买不起汽车，从这个角度看不能说一块钱的效用穷人就比富人大；二是认为公平与效率同等重要，不能顾此失彼。若只强调公平不重视效率，长此经济发展会停滞，最后富人也会变成穷人。

其实在庇古之前，意大利经济学家帕累托就提出过关于福利优化分配的标准。在帕累托看来，福利分配的最优状态，是指在既定分配状态下，任何改变都不可能使至少一个人状况变好，而不使任何人状况变坏。通俗地讲，若不减少一个人的福利就无以增加另一个人的福利，分配如果达到这样一个状态，便是最优的分配。

帕累托还指出，福利分配除了最优状态，同时也存在次优状态，即不减少任何人福利仍可增加某人的福利。学界称此情形为"帕累托改进"。有这种情况吗？我想到的例子是当年中国农村家庭联产承包制改革，农民收入增加，城市居民并未因此受损。帕累托强调，只有"改进状态"的收入调整，才可照顾公平，也兼顾效率。

然而困难在于，收入调整并不能仅局限于"帕累托改进"，为了照顾公平，政府有时不得不动富人的奶酪。那么富人的奶酪在何条件下才可以动呢？对此美国学者卡尔多提出了"假想补偿原则"。"假想补偿"当然不是真的补偿，卡氏的意思，政府调节收入可以抽肥补瘦，但要有前提，即穷人得到的收入能足以弥补富人的损失，否则动富人奶酪就不合算。

举例说，用富人的 100 元收入补贴穷人，若穷人收入因此增加了 110 元，这样补偿富人 100 元损失后还多出（社会总收入）10 元，倘如此，卡尔多认为这种收入调整可取；反之若用富人 100 元收入补贴穷人，结果穷人收入只增加 80 元，穷人增加的收入不仅不能补偿富人的损失，社会总收入还减少了 20 元。这种收入调整显然得不偿失，也不足取。

问题是怎样才能让补贴有效率？著名经济学家弗里德曼

有一个设想，即采用负所得税方案予以补贴。负所得税的计算
公式是：负所得税（补贴）＝社会贫困保障线－个人实际收入 ×
负所得税税率；而个人实际可支配收入＝个人实际收入＋负所
得税（补贴）。弗里德曼说，用这种办法补贴穷人的最大好处，
是补贴兼顾效率，可鼓励贫困者通过勤奋劳动脱贫。

请看下面的例子。假定政府规定的贫困保障线为 1 000
元，负所得税税率为 50％，若某穷人的实际收入为 1 000 元，
按上面的公式算可得补贴 500 元，最后个人可支配收入（实际
收入加补贴）为 1 500 元；若实际收入 500 元，可得补贴 750
元，个人可支配收入为 1 250 元；若实际收入为零，则可得补
贴 1 000 元，个人可支配收入也只 1 000 元。可见，实际收入
越高，最终个人可支配收入也越高。

以上是经济学关于分配的相关理论，转向政策层面，我
认为有三点启示：第一，共享发展体现社会公平，事关人心向
背，故防止两极分化是政府义不容辞的职责；第二，调节收入
分配应优先"帕累托改进"，凡是不存在外部负效应的分配改
革，皆应尽快推进；第三，调节贫富差距要兼顾效率，上策是
社会总收入不减少。为此，补贴穷人要立足"造血"，扶持他
们将蛋糕做大。

"帕累托最优"的要义

　　关于福利或资源优化配置，意大利经济学家帕累托曾提出过一个标准，人称"帕累托最优状态"。时至今日，帕累托的大名在学界可说是无人不晓，不过在我看来许多人对"帕累托最优"恐怕只知其一，不知其二；特别是对其背后的含义未明就里。

　　"帕累托最优"是指在某种既定资源配置状态，任何改变都不可能使至少一个人的状况变好，而不使任何人的状况变坏。这定义取自帕累托 1896 年出版的《政治经济学讲义》，是据法文翻译而来。我们也可以换个说法：所谓"帕累托最优"是指这样一种状态，在此状态下，若不减少其中一人的好处，就无法增加另外一人的好处。

　　最初从教科书上读到此解释，我并不觉得帕累托有何过人之处。照他的意思，只要将福利一次性分尽，分配结果大家都认同便是最优。大家知道中国有个成语叫"各得其所",意即让每人都得到他所应该得的,说的就是这意思。而"各得其所"出自《周易·系辞下》,比帕累托早两千年,相比之下我当然更佩服自己的祖先。

1992 年我到中央党校任教,一次下课后有学员问我:福利分配怎样才能达到帕累托最优?比如分配前,我们如何知道每人应得多少?分配时又用什么办法保证每人得到的正好是他所应得的部分?这问题之前我未思考过一时无以应对,不知为不知,于是我只好承认自己答不出。

后来我找来帕累托的《政治经济学讲义》,研读后才发现帕累托讲"资源配置最优"有三个条件。这三个条件是:1.交换的边际替代率相等;2.生产的边际转换率相等;3.交换的边际替代率与生产的边际转换率相等。帕累托说,只有同时满足这三个条件,资源配置才是最优。为何要具备这三个条件?让我分点作解释。

先看边际替代率。经济学有个边际效用递减规律,说一个人若消费偏好不变,消费某种商品的数量越多,他从增加消费的单位商品中所得到的效用会越小。据此帕累托推定:当某商品边际效用降到一定程度,人们就不会继续消费该商品而转去消费其他商品。这种增加消费一单位商品与放弃另一单位商品的比值,即为边际替代率。

那么边际替代率相等是何意呢?举个例子说吧:假设有

甲、乙两个消费者，他们对商品效用的评价不同，甲认为一块面包可以代替两个苹果；乙认为一个苹果可以代替两块面包。如果甲用一个苹果换乙一块面包，则甲得到一块面包相当于两个苹果，边际替代率为 2；乙得到一个苹果相当于两个面包，边际替代率也为 2。对所有消费者而言，若每一对商品的边际替代率相等，便是交换的最优条件。

再看边际转换率。所谓生产的边际转换率，是指企业新增投资与新增产出的比率。帕累托说，若企业生产两种产品的边际转换率不同，企业就会减少转换率低产品的生产，而扩大转化率高产品的生产。比如用同量的投入，生产面包可得收益 200 元，生产苹果仅得 100 元，这样企业就会改变要素配置，多生产面包，少生产苹果。此道理也适用于企业之间，若甲企业使用同量资源可得收益 100 元，乙企业可得 200 元，资源就会流向乙企业。因此对所有企业而言，同量资源生产任何两种商品的边际转换率相等是生产的最优条件。

帕累托认为，资源配置最优分别满足交换的最优条件与生产的最优条件还不够，还需将两者结合起来，让每一对产品的边际转换率等于边际替代率。说过了，边际转换率反映的是生产效率；边际替代率反映的是消费者偏好。两者相等，说明生产结构与需求结构吻合，生产的产品符合消费者需求，既不会短缺，也不会过剩。

毫无疑问，若满足了以上三个条件，资源配置确实是最优。然而回到前面学员的提问，却仍有三个难点：第一，效用是消费者主观评价，交换前怎知道两种商品替代率是否相等？第二，由于投资的边际收益递减，增加或减少投资会随之改变转换率。转换率变化不定，企业何以让两种投资的边际转换率相等？第三，供给相对稳定，需求瞬息万变，生产者如何才能让边际转换率等于边际替代率？

我的看法，"帕累托最优"是对资源配置结果的判定。严格地讲，它是一种分析方法而非操作办法。事实上，真实世界里不管消费者偏好怎样，只要不存在强买强卖，商品一旦交换成功其边际替代率必相等；同理，企业少生产甲产品而多生产乙产品，只要没有要素流动限制，边际转化率也一定相等。若商品是等价交换，企业按价格信号生产，边际转换率也必等于边际替代率。

由此看，"帕累托最优"的要义就一句话：只要不对市场设限，资源配置即可达到最优。反过来理解，若资源配置未达到最优，则必存在市场管制。有经济学家说，资源配置除了"最优状态"还有"改进状态"，常举的例子是农村改革，农民利益增加而城里人并未受损。我不否认"改进状态"的存在，但我认为这只说明之前的资源配置非最优，原因是农产品价格与生产要素受到了管制。

中央强调，让市场在资源配置中起决定作用。想来也是，经济学所讲的"帕累托改进"，其实也就是通过放松市场管制提高资源配置效率。要特别指出的是，市场非万能，在国家安全、社会公正、公共服务、助弱扶贫等领域市场会失灵，所以绝不可顾此失彼、忽视政府的作用。

经济总量均衡

质疑凯恩斯"恒等式"

萨伊定律的困惑

菲利普斯曲线的疑点

奥肯法则不可照搬

产能过剩的隐因

"分享制"为何行不通

质疑凯恩斯"恒等式"

　　关于总供求均衡，凯恩斯曾提出过一个著名的恒等式：储蓄等于投资。之后此等式便在学界很快流行开，今天已成为宏观经济学的重要基石。众所周知，20 世纪 30 年代前，经济学并不分宏观微观，是凯恩斯另起炉灶，于 1936 年出版了《就业、利息和货币通论》，才搞起来宏观经济学。

　　对经济学要不要分宏观微观，学界一直有争论，不过此非本文重点，这里不讨论。我认为目前亟待研究的是，储蓄等于投资到底是不是总供求均衡的条件。如果是，怎样理解"储蓄等于投资"；如若不是，那么总供求均衡的条件又是什么？这不单是个学术问题，也事关政府调控经济的思路。兹事体大，有必要予以澄清。

　　我曾说过，所谓"凯恩斯革命"，否定的是萨伊定律。凯恩斯认为，物物交换时代供给可创造需求，但当纸币出现后，供求便不可能自动平衡了。他的根据，是边际消费倾向递减规律。此规律说，随着人们收入增长，消费也会增长，但消费增长跟不上收入增长，令消费在收入中的比重下降，储蓄增加。若储蓄不能转化为投资，供求就会失衡。

凯恩斯的这一观点，追随者多，也有不少学者为文支持。目前教科书给出的一致解释是：一个国家假定只有企业与居民两个部门，不存在税收，也没有政府支出和进出口，这样从收入（供给侧）角度看：国民收入 = 工资 + 利润 + 利息 + 地租 = 消费 + 储蓄；而从支出（需求侧）角度看：国民收入 = 投资 + 消费。总供求平衡，意味着总收入等于总支出，即消费 + 储蓄 = 投资 + 消费。等式两边都含消费，故左边的储蓄必等于右边的投资。

上述论证看上去逻辑井然、天衣无缝，然而往深处想，这恒等式其实也有疑点，至少有三个问题值得追问：第一，储蓄的含义究竟为何？是单指居民存款还是包括其他项目？第二，储蓄等于投资是指"事实相等"还是"应该相等"？第三，总供求平衡是否必须将储蓄转化为投资？凯恩斯《通论》我读过多遍，总觉得他讲得不够清晰且自相矛盾，下面说说我的思考。

先说储蓄。照凯恩斯的说法，收入减消费的余额为储蓄，显然，他讲的储蓄就不只是存款。比如你有 10 000 元收入，3 000 元用于消费，余下 7 000 元为储蓄。假如 7 000 元储蓄中你用 5 000 元买了字画收藏；用 1 000 元买了股票，剩下 1 000

元存银行，这样看，在凯恩斯那里储蓄是一个比银行存款更宽的概念，我们不妨称为"广义储蓄"。

于是问题就来了，若广义储蓄不单指银行存款，那么储蓄大于存款的部分是什么呢？当然不可能是消费，只能是投资。如上例中居民购买字画收藏与购买股票皆是投资行为，这一点凯恩斯其实也注意到了。问题是储蓄本身包括投资，说储蓄转化为投资岂不是同义反复？可见，凯恩斯讲"储蓄转化为投资"时的"储蓄"，并不是广义储蓄，而是狭义储蓄，即居民存款。

再想深一层，如果凯恩斯所讲的储蓄是广义储蓄，而广义储蓄包括投资与存款，这样问题又来了：由于供给侧的国民收入＝消费＋储蓄＝消费＋投资＋存款。而居民存款是为了从银行取得利息，故存款对居民来讲也是投资。换句话说，居民不仅仅是消费者，同时也是投资者。既然存款也是投资，供给侧的国民收入也就等于消费加投资了。

所以对第二个问题我的观点很明确：若在年底对当年国民收入存量进行核算，广义储蓄肯定等于投资，两者是事实相等。但若储蓄是指狭义储蓄（存款），则储蓄与投资是应该相等。因为存款虽是居民投资，但却不是企业投资，存款若不转为企业投资，总供求同样会失衡。

再谈第三个问题，总供求流量要保持平衡，那么狭义储蓄是否必须转为投资？从国民收入预算角度看，我认为不能一概而论。前面说过，供给侧的国民收入＝消费＋投资＋存款；需求侧的国民收入＝消费＋投资。这样要保持总供求平衡，存款可向两个方向转化：若社会投资不足，存款可转为投资；若投资（产能）过剩，存款则应转为消费。

放眼看，大量的中外实践证明，储蓄转化为投资可以扩内需，储蓄转化为消费也可扩内需。想想消费信贷吧，消费信贷肇始于欧美，今天风行全球，其实就是支持储蓄转化为消费。凯恩斯当年自己说，他主张储蓄转化为投资，是因为投资有乘数效应。可事实上，投资有乘数效应，消费也有加速效应，而且迄今为止经济学并不能证明，对拉动需求扩投资就一定胜于扩消费。

综上可见，"储蓄等于投资"并非铁律，也非总供求均衡的唯一条件。关于总供求均衡，我赞成马克思的分析，在《资本论》中，马克思将社会资本再生产分为生产资料与消费资料两大部类，他指出，社会总资本再生产必须坚持价值补偿与实物补偿两个平衡。这一思想，我认为才是实现总供求平衡应该遵循的原则。

现在的难题，是怎样实现两个补偿？有一点可肯定，即不能固守"储蓄等于投资"的教条，否则会作茧自缚。当然，我们也不能走过去计划经济时期政府统购包销的老路。可取的办法：是要让市场在资源配置中起决定作用，同时政府也要对市场失灵作相机调节。

萨伊定律的困惑

对怎样化解产能过剩，学界之前的主张是扩内需。而最近政府强调"供给侧改革"，于是人们的关注点又转向了供给。有学者指出，供给侧改革固然重要，但应双管齐下，同时还得扩内需。这观点当然对。不过在我看来，改进供给也是扩内需，只是处理问题的角度有不同。

两百年前，萨伊在《政治经济学概论》中就表达过类似的观点。有这样一则故事，某天晚上法国里昂一家餐馆里几个小伙子一起喝啤酒，其中一位趁着醉意把几瓶啤酒砸在外边马路上，嘴里还嘟囔说"为工厂做贡献"。说者无心，但却让坐在一旁的萨伊陷入了沉思：将商品毁掉是给工厂做贡献吗？莫非是企业生产的商品没需求？

经过一番苦思冥想，萨伊否定了毁掉商品为企业作贡献的看法。他的论证是这样：人们卖商品的目的是为了买商品，即为买而卖，货币只是交换媒介，企业卖出商品拿到货币后，会立即购买自己所需要的商品。这样一种商品的出售，就意味着对另一商品的购买。于是他的结论是：供给可自动创造需求，生产不会过剩。

萨伊的这一观点，学界后来称为"萨伊定律"。在该定律提出后最初的 100 年里，虽不断有人质疑，但多数经济学家仍认同。直到 20 世纪 30 年代西方国家发生经济大萧条，生产出现普遍过剩，为对付萧条凯恩斯 1936 年出版《就业、利息和货币通论》，并由此掀起了一场"凯恩斯革命"。凯恩斯挑战的是传统理论，而首当其冲则是萨伊定律。

萨伊定律错在什么地方？凯恩斯说，在早期物物交换时代甚至是金银货币时代，萨伊定律能够成立；但当纸币出现后萨伊定律就站不住了。凯恩斯的理由，是货币可以储藏，当人们卖出商品后如果不马上买，货币被储藏，商品会过剩。这看法流行至今，而且自凯恩斯之后，教科书皆将"储蓄等于投资"看作经济总量均衡的前提，也是基于以上理由。

我的看法与凯恩斯不同，商品过剩的症结我认为不在货币；正相反，是货币的出现某种程度上促进了交换。想想物物交换的情形吧。如生产斧头的厂商需要购买服装；而生产服装的厂商却不需要斧头，这样交换就不能完成，斧头与服装皆会被积压。但要是有货币作等价物，买卖两便，交换即可完成。可见，货币的出现有利于交换，减少了过剩。

也许有人问，货币被储藏需求怎会不减少？对此要分两种情况：货币若是金银，需求可能会减少。如果有人预计未来金银升值而将金银储藏，所对应的商品会因为缺少货币可能滞销。但若货币是纸币，由于纸币不能储藏只能储蓄，需求不会减少。理由简单，银行是靠存贷利差赚钱的企业，吸收存款后一定会千方百计贷出去。如此张三的储蓄就变成了李四的需求，需求不会变。

所以我的观点，如果仅从总量看，供给确实可创造需求。首先，货币是一般等价物，也是特殊商品。既然是商品，那么特殊商品（货币）的供给，可创造对普通商品的需求；而普通商品的供给，则可创造对特殊商品（货币）的需求。其二，企业生产商品需购买设备与原材料，这样创造供给的过程，同时也是创造需求的过程。其三，供给可以引导需求。50年前没人用手机，而今天有了手机供给，市场也便有了对手机的需求。

不过这是从总量看，若想多一层，比如从结构看，供给就未必等于需求了。举例说，市场需要100套住房，5 000斤大米；而厂商供给的却是110套住房，4 000斤大米，由于结构不匹配，此时房产显然会过剩。其实当年萨伊也意识到了这一点，但他认为结构失衡只是局部现象，未作深入分析。可事实表明，结构失衡往往引起总量失衡，中国今天的产能过剩，就是结构所致。

是的，总量平衡并不代表结构平衡，两者不一回事。由此看，从政策层面解决产能过剩，重点不在需求而是在供给。那么怎样才能使供给结构与需求结构保持平衡呢？思来想去，我认为至少有三个条件要满足：1.价格由市场供求决定，让企业按价格信号的指引生产；2.放松市场准入限制，让生产要素能够自由流动；3.推动市场信息公开透明，让商品流通成本足够低。

反观中国的现实，我们所以出现产能过剩，原因其实就在以上三方面：由于过去人为压低地价与能源价格，结果才使某些产能过剩项目（如钢铁、电解铝等）得以上马；同时由于市场准入存在限制，资本不能自由进入，导致某些产业发展滞后而成为短板，这样反过来加剧了其他产业相对过剩；另外流通成本过高，造成了某些市场有需求的产品也大量压库。

正因如此，所以中央决定启动供给侧改革。我体会，政府此举旨在一箭双雕：通过调整结构改进供给；通过改进供给扩大内需。看政府最近释放的信号，相信这判断不会错。在上月国务院常务会上李总理强调，要更大程度让市场定价，缩小政府定价的范围；而之前他多次表态，要放宽市场准入，鼓励大众创业，万众创新，允许各类资本平等竞争；对可节省流通成本的电子商务，李总理赞许有加，去年曾两次为电商"站台"。

要特别说明的是，我说改进供给是扩内需，化解过剩的重点在改进供给，但并不意味着今后可以忽视需求侧管理。事实上，需求侧也有大量的工作要做，如调节收入差距、扶贫助弱、提振消费等，政府仍然责无旁贷。

菲利普斯曲线的疑点

今天的教科书在讲通胀与失业时，无一例外要提到菲利普斯曲线。是的，将失业与通胀的关系用一条曲线表达，形象直观，称得上是神来之笔。当年读大学时，对菲利普斯从历史数据中寻求规律的本领佩服得五体投地。

然而人过中年，经历的世事多了，对书本也就少了盲从。比如对菲利普斯曲线，我现在就有诸多疑惑。此曲线说，通胀率与失业率是此消彼长的反向关系：通胀率高，失业率会低；失业率高，通胀率会低。可我知道的事实是：20 世纪 70 年代美国的通胀率很高，失业率并不低；近几年中国通胀率很低，而失业率却不高。

怎么回事？莫非是菲利普斯错了？其实，菲利普斯本人研究的并非通胀与失业，而是工资率与失业率的关系。1958年他在《经济学》杂志发表论文，分析了英国 1861 年至 1957

年工资与失业的数据，他发现历史上工资率上升的年份，失业率往往都相对低。因此他得出结论说：名义工资率变动是失业率的递减函数。

菲利普斯今天大名鼎鼎，可让他走红的并不是他自己的这篇文章。1960 年萨缪尔逊与索洛在《美国经济评论》发表《关于反通货膨胀政策的分析》一文，他们以菲利普斯的研究作基础，用美国的数据替换英国的数据，用通胀率替换工资率，提出了通胀率与失业率也是反向关系的推论。菲利普斯曲线的提法正是来自该文，菲氏也因此一举成名。

萨缪尔逊与索洛的文章思路清晰，好读易懂，其所表达的政策含义是，低通胀与低失业不可同时得兼：若一个国家希望保持较低失业率，那么就得承受较高的通胀率；相反，若希望保持较低通胀率，就得承受较高的失业率。这一推断后来写进教材并成为新古典综合派的主流观点，不少国家也将此作为制定政策的重要依据。

我对菲利普斯曲线的疑惑，具体讲在两方面：一是我同意菲利普斯本人的研究结论，但有保留，认为那只是特定经济发展阶段的现象，并非规律；二是我不赞成萨缪尔逊与索洛用通胀率替代工资增长率的处理，因而也不认同他们的结论。为什么要这样说，下面让我细说理由。

历史数据不会骗人，何况菲利普斯的研究用英国近百年的数据作支撑，照理不应该怀疑。而我之所以有疑惑，是因为菲氏所用的数据基本是来自二战前，那时第三次工业革命尚未到来，他的研究自然要受到局限。最重要一点，是二战前的机器自动化程度远不及今天高，企业对劳动力需求有刚性。

是的，二战前的一百年，机器自动化程度虽不低，但大多设备仍离不开人工操作。在那个年代，工资率上升表明企业对人工的需求大，而企业用工增加，失业率无疑会下降。正因如此所以我同意菲氏的分析。然而 20 世纪 70 年代后，智能机器的出现使企业对劳动力需求不再有刚性，这样工资率上升企业不仅不会多用工，反而会用机器代替人工，令失业率上升。

前不久我到南方调研，就看到不少企业用机器替代人工的案例。其中广州"博创"较为典型，该公司是一家专做门窗的港资企业。公司老总说，由于工资水平上涨太快，企业只好逐步用先进机器替代人工。近两年，企业工资水平差不多上涨了 30%，而替代下去的员工也超过了 30%。这方面的事例读者应该也有见过，去企业走走，类似的情况很普遍，这里我不多说。

转谈萨缪尔逊与索洛吧。我对这两位学者的质疑，主要是他们用通胀率替换菲氏的工资率，如此一来，菲氏所探讨的工资率与失业率的关系就变成了通胀率与失业的关系。对做这种替换的理由，两位学者曾作过解释：第一，价格由成本加利润构成；第二，工资是企业重要成本；第三，价格变动与成本变动的方向一致。

骤然看，以上替换似乎无可厚非，但在我看来这样处理过于武断。不错，工资率上升会推高成本，可成本增加却不一定推高价格，因为最终决定价格的不是成本而是供求。众所周知，按成本加成定价只是厂商的卖价，商品短缺，卖价可以是市价；但若商品过剩，消费者不接受卖价便不是市价。事实上，当今市场过剩是常态，通常情况是需求决定价格而非成本决定价格。

再想多一层，企业的商品价格决定是微观行为，比如商品房的价格，就是由开发商与消费者讨价还价议定。而通胀率不同，它是总量指标，高低要由货币供求定，弗里德曼说通胀始终是货币现象指的就是这意思。换句话讲，只要货币不超量投放，成本不能推动通胀，结构性因素也不能推动通胀，通胀只一个原因，它只能由需求拉动。

由此看，用通胀率替换工资率，如此移花接木理论上站不住，而推出的结论当然也不可信。按菲利普斯曲线的说法，降低失业率的唯一法门是扩大货币供应，承受高通胀。可事实并非如此。事实是，政府手里除了货币政策，还有财政政策可用，而且财政政策对推动就业的作用绝不亚于货币政策。

看中国的经验：近几年中国的财政政策一直积极，货币政策却取守势、保持稳健。其效果有目共睹：今天通胀率（CPI）不到2%，同时就业也大为可观，去年政府希望增加1000万人就业，实际则增加了1322万人。最近有权威数据说，目前城镇登记失业率为 4.05%，是七年来最低。中国低失业而未高通胀，难道不是对菲利普斯曲线的有力反证吗？

奥肯法则不可照搬

经济学发展数百年，有个现象不知读者是否注意，经济学中有些定理其实并非定理，"配第一克拉克定理"如是；"霍夫曼定理"也如是。这些所谓"定理"都是来自对经验事实的归纳。严格地讲不是定理而是定律。科学说，定律要受特定时空的约束，离开了特定时空，定律就可能不管用。

本文要讨论的"奥肯法则"，同样也是来自经验事实，是定律。1962年，美国经济学家阿瑟·奥肯根据对统计数据的研究发现，一个国家的短期失业率与经济增长率（国民生产总值增长率）之间呈反向变化关系，而且比值为1∶2。其意思是说，失业率每上升1%，经济增长率会下降2%；若经济增长率提高2%，则失业率会下降1%。

奥肯的这一发现，学界称作"奥肯法则"，后来有学者用其他国家数据作过验证，据说准确得令人吃惊。既如此，于是学界就有人搬字过纸，用奥肯法则解释国内的失业与增长，并将近几年的经济下行看作为失业的代价；而且还有人说，政府要实现低失业就得保持高增长。我不同意这看法，增长下降失业率有可能上升；但失业上升，增长却不一定下降。

经济学研究失业的文献很多，对失业类型的划分也各不相同。归纳起来，大致有摩擦性失业、结构性失业、工资性失业（自愿失业）、周期性失业、非自然失业等六种，但不论哪种类型的失业，我认为对企业产出皆不会有实质性影响，增长也不会因为失业而下降。何以下此判断？让我逐一解释吧：

先看摩擦性失业。所谓摩擦性失业，是指由于信息不对称或市场组织不健全造成的失业。比如大学生毕业后要找到合适的工作需要时间，短期内有可能会失业。再比如存在季节限制的建筑业，由于冬天冰冻期不便施工企业会减少雇工，也会出现短暂失业。为何说这种短暂失业不影响企业产出？理由是，大学生之前本来就未工作；而冰冻期不能施工，企业不辞退员工也不会有产出。

再看结构性失业。市场需求千变万化，产业得适时调整，而产业调整要求劳动力供给能与之适应，否则就会导致结构性失业。有两种情况：一是企业工艺改进，员工可能由于缺乏新工艺所要求的技术被解雇；二是新产业发展与夕阳产业收缩，也会出现结构性失业。问题是结构性失业会减少企业产出吗？我认为不会。因为无论是工艺改进还是新产业替代旧产业，产出不仅不减少，而且会更增加。

再看工资性失业。按古典经济学的假设，在劳动力过剩时，只要工资可伸缩（比如将工资降到所有人被雇为止）则不会有失业。可由于工会的存在与最低工资法的限制使得工资具有刚性，而且有人不愿接受低工资，于是也会导致部分人自愿失业。我认为此类失业也不会减少企业产出。读者想想，工资是企业雇工的边际成本，若工资高于（雇工）边际收益企业会扩大生产吗？当然不会。企业不扩产，自愿失业也就不影响产出。

再看周期性失业。这类失业是由经济发展的周期引起的：在经济复苏和繁荣期，企业会扩大生产，增加就业；而在经济衰退和谷底期，由于社会需求不足、前景暗淡，企业会压缩生产，大量裁员。这是说，周期性失业是由于压产在先，即压产是失业的原因，失业是压产的结果。由此见，周期性失业也不会减少企业产出。

凯恩斯还曾提到一种失业，曰"非自愿失业"，即人们既不挑选工种，也愿意接受较低工资但却仍找不到工作。这种失业原因复杂，既可能属于摩擦性失业，也可能属结构性与周期性失业。上面分析过，不管非自愿失业出于何原因，皆不会影响企业生产，也就不会降低增长率。

综上分析，增长下降并非由于失业所致，这样增长下降当然也就不是失业的代价。而且可以肯定的是，假若真如奥肯所说美国失业率与增长率的反比值是 1∶2，那也不符合中国今天的实际。2010 年，中国 GDP 增速为 10.3%，到去年下降为 6.9%。五年间下降了 3.4%，可同期中国的失业率却并未上升。据官方公布的数据，去年中国的城市登记失业率为 4.05%，是七年来最低。

我不主张照搬奥肯法则，还有一层原因：多年来我们已习惯了高增长，现在一下子从"高速"降为"中高速"难免不适应，因此我担心有人会以增加就业为由追求高增长。我要指出的是，无论增速多高，摩擦性失业、结构性失业、自愿失业等都仍会存在，而唯一有助的是周期性失业，然而失业既然是由经济周期引起，调周期却不是一件容易的事。

可以预见，保持 7% 左右增长将是未来中国经济的常态，所以我们不能寄希望通过提高 GDP 增速来减少失业。事实上，增加就业也未必一定要追求高增长，其实政府可以做的事情很多：如提供就业信息服务等公共平台可减少摩擦性失业；提供职业技能培训可减少结构性失业；为非自愿失业者提供失业救济可减轻社会震动。

最后再说一遍：奥肯法则只是经验数据，大可不必盲信；而且由于发展阶段与国情不同，我们更不可简单照搬而作茧自缚。

产能过剩的隐因

产能过剩实在令人头痛，学界对此的解释，是因为以往官员片面追求 GDP。而官员为何追求 GDP？据说是"GDP 出政绩，政绩出干部"。说实话，之前我也这么看，可最近查阅资料发现，东部地区与中西部省份比，无论总量还是人均 GDP，前者都要高得多，但东部官员提拔并不见得比西部快；而且中央也从未说过要以 GDP 论英雄。

当然，我不否认官员会有投资冲动，问题是这种冲动从何而来？公共选择学派奠基人布坎南在 1960 年出版的《公共财政》中分析过，他说，现代社会的许多弊端皆系官员自身利益作祟，官员为了追求权力与威信，往往会争取过多的财政预算。而以《短缺经济学》名动一时的匈牙利经济学家科尔内也说，由于投资由国家供给，加上预算软约束，于是难免出现投资饥渴。

就政府投资而言，上面两位学者的分析不无道理。从现象观察，官员确有争取更多预算的动机；而预算软约束历史上也曾经存在过。不过即便如此，我认为也解释不了今天的产能过剩。众所周知，目前国内产能过剩不仅与政府投资有关，民间资本也有份。从预算看，政府约束虽是软的，可民间资本约束却是硬的。而且 1994 年《预算法》颁布后，政府的预算约束也越来越硬。

所以我的观点，产能过剩不能简单地归结于官员追求 GDP；也不能归咎于预算软约束。换位思考，要是你在地方为官，是否也希望造福一方？曾与不少地方官员交流过，他们说，争取更多投资并非只考虑个人升迁，更多还是想加快地方发展。不管别人怎么看，我觉得这话言出由衷，不然怎么解释地方经济过去 30 多年的快速发展呢？

由此看，发展经济是地方官员的职责所系，无可厚非；何况追求 GDP 也是扩大就业。平心而论，假若这些年地方官员不重视 GDP，中国不可能后来居上，更不可能成为今天全球第二大经济体。当然，追求 GDP 也不能盲目，要顾及资源与环境，否则代价太高也不可取。至于产能过剩，不排除其中有追求 GDP 的因素，但这只是表象，背后其实还另有隐因。

究竟是何原因导致了产能过剩？我想到的有三方面，让我分点说：

（一）中央与地方分税比例。增值税是目前我国第一大主体税，特点是在生产地与生产项下征收。这是说，一个地区上的项目越多，企业生产的 GDP 越多，增值税也就越多。明白了这一点，就不难理解地方官员为何要追求 GDP 了。追求 GDP 只是表象，其实醉翁之意不在酒，真正目的是税收。

回想起来，地方官员追求 GDP 是始于 1994 年。分税制改革前，增值税大约 80% 以上归地方；而改革后地方分成降至 25%，加上中央返还，地方最多拿到 30%—35%。分成比例陡然下降，迫于无奈，于是地方政府不得不设法扩大增值税税基。而最简便的办法，当然是招商引资或鼓励企业扩规模、增产值。只要企业产值增加，不管有无赢利，地方财政都可分享到 25% 的增值税。

（二）政府价格管制。逻辑说，产能过剩也可能与价格管制有关。如果没有价格管制，产品供过于求则会通过价格调节自动平衡，至少不会长期过剩。美国的页岩气革命是典型例子。起初投资者对页岩气开发趋之若鹜，一度出现产能过剩，可美国不搞价格管制，燃气价格下降，不少企业便旋即退出。而我们不同，无须讳言，过去我们一直是有价格管制的，比如能源，越是短缺，价格管制越严，这样不同程度助推了钢铁、水泥、电解铝等的产能过剩。

拿电解铝来说吧。国研中心测算过，电解铝的用电成本大约占总成本的 40%—50%，电价每增加 1 分钱，电解铝成本则每吨增加 140—145 元。读者想想，像电解铝这样的高能耗产业，要是没有电价管制怎可能过剩？有数据说，我国目前工业电价平均 0.58 元 / 千瓦时，而美国、日本等 26 个国家平均为 0.120 美元 / 千瓦时，我们比人家低 1/3，电解铝产能过剩也就不足为奇了。

（三）产业政策。我曾以"产业政策千能"为题撰文分析过产业政策与产能过剩，这里再指出一点：由于地方政府有追求更多税收的动机，而国家产业政策又有配套的相关优惠。对地方政府来说，发展国家产业政策支持的行业，可谓一石二鸟。这些年，钢铁、汽车、石化等投资一哄而起，正是受到这种"双重诱惑"的驱动。

从外部看，产能过剩还有一个原因，即出口增长下滑。不过这不是重点，我国外贸长期顺差，出口增长下滑在所难免。依我之见，中国不能过度依赖出口，重点是要立足国内，调整好自己的政策。比如税收，政府不妨将消费税改作主体税，并由中央与地方五五分成。消费税在消费地征收，只此一招既可抑制产能过剩，也可减少重复建设。

再比如价格管制。如果今天取消价格管制，我认为理论上不会有争议。中央说要让市场起决定作用，前提是要由市场决定价格。人们担心的是，能源价格一旦放开，会不会有企业倒闭而出现失业？我的观点，放开价格管制乃大势所趋，既然早晚要放开，晚放则不如早放。政府与其支撑那些产能过剩的工厂，还不如拿钱安置下岗职工。

　　最后说产业政策。产业政策对优化结构有助，我不反对；何况欧美国家也有产业政策。但要提点的是，制定产业政策要尊重市场，不可闭门造车；同时，产业政策出台后也不必强行，要给市场留下适当的调节空间。以往有过教训，痛定思痛，愿决策层慎重、再慎重些！

"分享制"为何行不通

　　20 世纪 70 年代美国陷入"滞胀"：失业增加；而通胀居高不下。诺奖得主萨缪尔逊当年在他那本畅销全球的《经济学》教科书中说，要是有谁能为医治滞胀找到满意的药方，将可获得诺贝尔奖。1984 年美国经济学家威茨曼出版《分享经济》，果然一时洛阳纸贵、声名鹊起。

　　我读到《分享经济》这本书，大约是 1985 年秋。于今回顾，当时我是确信威茨曼已找到治理滞胀的良策。然而现在 30 年过去了，却不见有哪个西方国家采纳他的方案。美国 2008 年发生金融危机后，受其影响，中国 2 000 万农民工下岗返乡，国内有人旧话重提，建议借鉴威茨曼的方案，政府也似乎未予重视。

　　要问的是，学界对威茨曼赞誉有加，而且被称为自凯恩斯后提出最有效对付失业办法的第一人，可为何他的理论在西方却行不通？其实，威茨曼的核心观点归结起来就一句话：企业收益要由劳资双方按一定比例分享。他之所以提出这一观点，是与他对失业的独特观察视角有关。

众所周知，凯恩斯认为失业是由社会有效需求不足引起的；而威茨曼却将视角转向企业内部，指出失业的根源在固定工资制。威茨曼说，在供求规律作用下，产品价格随供给增加而下降，企业销售量越大，产品价格会越低；而另一方面，由于工资存在固定刚性，企业利润下降而工资不能降，为了生存，企业迫不得已只能裁员。

举例说吧。假如某服装厂有员工100人，每人平均日工资为200元，在经济繁荣期，服装厂每天总收入为3万元，扣除2万元工资还有利润1万元。而在经济萧条期，服装厂每天总收入仅1.5万元，如果员工的工资不能下调，还是2万元，那么企业不仅没利润，而且总收入还不够发工资。倘如此，企业当然要关门停产、员工失业。

从上面的例子可见，导致失业的原因，是现行的固定工资制度。怎样才能避免失业呢？为此威茨曼设计了一个分享经济的方案。此方案的要点是，企业不按人头设固定工资，而只规定出劳资双方分享企业收入的比例。一旦比例确定，不管将来企业收入如何，双方都按事先确定的比例进行分配。

为何说此方案能避免失业？还是用上面的例子来解释：假如服装厂经劳资双方协商，彼此同意将企业总收入按1:2的比例分配，即企业主得总收入的 1/3；员工得 2/3。经济繁荣期，企业总收入为 3 万元，则企业主可得 1 万元；全体员工可得 2 万元。经济萧条时，企业总收入若为 2 万元，则企业可得 6 666 元，全体员工得 13 333 元。如此一来，企业也就没有必要辞退员工了。

事实上，分享制的好处还不仅在此。威茨曼说，若从企业用工的边际成本与收益分析，相对固定工资制，分享制更是妙不可言。如上例中员工的日工资 200 元是企业用工的边际成本；在固定工资制下，企业会要求每个员工创造的日收益不得低于 200 元，否则边际收益低于边际成本，企业不会雇工。但分享制不同，即使员工每天只创造 150 元的收益，但按 1：2 的分享比例分配，企业仍可得 50 元利润，员工工资则降为 100 元。

是的，分享制的优点，是能让企业最大限度地吸纳就业。只要员工工资不固定，边际收益小于边际成本企业也有利可图，仍会扩大生产，增加就业。而且威茨曼还说：就业增加意味着产品增加，而产品增加价格会递减，假若所有企业都实行分享制，则社会整体物价水平会下降。这是说，分享制可一石二鸟，不仅能扩大就业，同时可以防通胀。

回头再说分享制为何不被采纳。思来想去，我想到的原因有三：从企业内部看，企业主会接受分享制，但员工却可能抵制。工资有棘轮效应，涨工资皆大欢喜，降工资员工会怨声载道。特别是那些掌握关键技术的员工，明知自己不会被裁，当然不会同意降工资。而恰恰是这些员工在企业有话语权，决定着分享制能否实施，此其一。

从政府的角度看，推行分享制的困难，是降工资容易触犯众怒。当年英国撒切尔首相曾为平衡财政预算削减社会福利，结果呢？就连她的母校牛津大学也不肯授予她荣誉博士学位。读者想想，西方国家搞的是多党制，哪个党派上台都需要选票，所以无论谁执政都不可能以身犯险，冒天下之大不韪。此乃第二个原因。

以上讲的是西方国家，第三个原因则中西皆然。据我所知，西方国家一般有法定最低工资的限定；2007 年年底，中国出台新劳动法，对法定最低工资标准也作了规定。于是问题就来了，要是我们推行分享制，政府虽无选票之虞，但会触及法律。2008 年夏天我赴珠海调研，听说当地员工诉雇主违反法定最低工资的案件不断，当时我就意识到只要有法定最低工资限制，分享制就不可能实行。

由此可见，分享制叫好不叫座，原来事出有因。问题是对法定最低工资怎么看？劳动力是重要的生产要素，工资是劳动力价格。市场经济下企业其他要素价格都已由市场定，照理工资也应由市场定，政府不该管。但由于过去长期搞计划经济，工资起点太低，今天政府又不能不管。是以为难，如何是好？

不过我认为有一个两全之策：法定最低工资仍可执行，但政府必须同时减税。这样给企业留下利润空间，让劳资双方在法定最低工资之上进行收入分享。舍优求次，应当也是可取的选择！

财政政策与稳增长

"李嘉图等价定理"之争

有三驾马车拉动经济吗

扩大消费的困难

产业政策干能

稳增长的重点

"李嘉图等价定理"之争

　　说到政府筹资，学经济的读者会很容易想到"李嘉图等价定理"。不错，这正是本文所要讨论的话题。该定理说：政府筹措资金对内发债与增加收税，其效果是等价的。李嘉图的理由，政府发债最终要靠增加征税来偿还，故今天的债就是明天的税，两者没有分别，是一回事。

　　是这样吗？对李嘉图等价定理，学界一直有争议。19 世纪初，拿破仑挥师南北、横扫欧洲大陆，为了共同对抗法国，英国组建了第四次反法联盟。为支持盟军，英国每年需对外援助巨额的军费。围绕如何筹措军费，当时英国国会展开了激烈的辩论。焦点在于，军费是通过加税还是通过发债筹措？以马尔萨斯为代表的一派力主发债。

　　马尔萨斯分析说，每年军援若需 2000 万英镑，英国平均每人需捐纳 100 英镑。若采用加税方式，居民每人就得从自己收入中节约 100 英镑，这无疑会减少国内消费，导致经济紧缩。但如果选择发债，由于国债当年无须还本，居民每人只需支付这 100 英镑的利息，若年利率为 5%，则政府只需向每人增加 5 英镑的税收。如此，居民消费可大致不变。

另一派则以李嘉图为代表。李嘉图认为，发行公债与加税的差别，仅在于公债要偿付利息。而利息的偿还，不过是将纳税人的收入转移给国债的债权人，并不改变英国的财富总量。所以不论采取哪种方式，英国筹集 2000 万英镑支援其他国家，自己都会损失 2000 万英镑，这样势必要减少国内消费。

李嘉图的意思是：政府若不选择加税，居民虽不必每人缴纳 100 英镑的税；但政府就得发行 2000 万英镑的国债，假定年利率为 5%、偿还期为 1 年，这样居民照样会紧缩开支。因为人们知道，国债明年到期，届时政府一定会增加征税，如果不提前将 100 英镑储蓄起来，到第二年政府增收 105 英镑新税时将无以应对。

应该说，李嘉图等价定理是对的，不过我认为该定理只是有条件的对。说得更明确些，该定理只有在特定条件下才成立。具体条件是：第一，政府仅一次发债而不持续发债；第二，政府仅发短期国债而不发长期国债；第三，国债仅用于非生产性支出而不用于生产性支出。若无这三条限定，李嘉图等价定理并不成立。

何以见得？让我细说理由：

首先，政府若不是一次性发债而是持续发债，发债未必会减少居民消费。李嘉图说，政府发行国债后，国债到期会增加征税。政府一次性发债当然如此，但若是持续发债，政府则可用新债还旧债，是无须加税的。想想银行吧。银行吸收存款其实也是向居民发债，存款到期，银行得还本付息，可银行为何能将存款用于放贷？原因是银行持续吸储，三个坛子两个盖，用新债还旧债。

其次看国债的期限。退一步，即便政府仅一次性发债，但若发行的不是短期国债而是长期国债，居民当前消费会减少吗？我想应该不会。长期国债的特点，是偿还债务有相对长的延付期，而人不会长生不老，要是人们意识到死亡可以逃避将来的税负，或者懂得现在的钱比未来的钱更值钱，自然不会压缩当前消费。消费信贷今天风靡全球，已足以证明这一点。

为维护李嘉图等价定理，美国学者巴罗 1974 年发表了《政府债券是净财富吗》一文，他提出了一个观点。他说，由于人类具有关怀后代的动机，将来的税负人们宁愿自己承担也不会推给后代，哪怕有人知道自己活不到偿还国债的那一天，也会减少自己的开支，而先将 100 英镑为后代储蓄起来。这样发债与加税一样皆会减少现期消费，于是"等价定理"成立。

我不否认人类存在代际关爱，但却不同意巴罗的推论。很简单，如果不把消费者当作一个整体，而对其作结构分析，巴罗的推论就立不住。比如将居民分为富人与穷人两类：富人收入多，扣除了本人消费后还会有剩余留给后代；若政府发债用一部分接济穷人，在此情况下，富人消费不会减少，穷人支出会增加。站在全社会角度，发债不仅不会减少消费，反而会增加当前消费。

最后再看国债的用途。政府发债若用于外援或国内非生产性支出，今天的债肯定是明天的税。但若非如此，发债是用于生产投资，就不能武断地讲"今天的债是明天的税"。生产投资有收益，政府用投资收益偿债就用不着加税。再说，经济发展有周期，经济萧条时发债，繁荣时财政有盈余，政府用繁荣期的盈余回购之前的国债，也不必加税。

事实上，当年李嘉图说发债与加税效果等价，针对的是政府发债用于外援，而且是一次性发短期国债的情形。所以在研究政府筹资时，要特别予以注意，切不可搬字过纸、简单套用该定理。中国已进入经济新常态，从结构升级到动力转换，皆需政府加大投入。可眼下国家财力有限如何筹资？若在发债与增税之间让我选择，我会选发债。

我曾说过，扩大投资有三个途径：加税、发债与减税。要是希望扩大政府投资，加税不如发债；要是希望扩大企业投资，则发债不如减税。政府今天一方面增加发债；同时又加大结构性减税，双管齐下显然是明智之举。我的看法，只要不加税，就应给政府打满分。

有三驾马车拉动经济吗

　　学界称"投资、消费、出口"为拉动经济的"三驾马车"，当年在大学听教授讲"三驾马车"逻辑井然，我没怀疑过；后来自己读凯恩斯的《通论》，凯氏只强调投资与消费，未提出口，暗想可能是他疏忽了，不过脑子里就那么一闪，未作深究。2008 年美国爆发金融危机，中国为保增长推出四万亿扩需，危机是成功应对了，可今天的产能过剩令人头痛，于是让我再次想到了"三驾马车"。

　　这里我不是要评点四万亿扩需计划，既往矣，木已成舟多说无益。但有教训我认为还是应总结，当然总结教训也不能就事论事，而是要对"三驾马车"从理论上作反思。我的问题是这样：众人皆说"三驾马车"能拉动经济，倘如此，那么它们拉动经济的机理是怎样的？或者说投资、消费、出口在经济增长中分别扮演什么角色？各自的作用有多大？只有把这些问题弄清楚，心中有数政府才知下一步如何出手。

毫无疑问，若从某个时点看，"三驾马车"皆能拉动经济。凯恩斯当年说，经济萧条是源于国内有效需求不足。这判断是对的，企业把产品生产出来后没人买，产品压库，资金不能回流再生产便难以为继。凯恩斯又说，在这种情况下若政府去刺激投资或消费，能将企业的那些压库产品卖出，企业则可继续生产。短期看，此推理逻辑上无破绽；但要是从长远看，以上分析又并非无懈可击。

多年前我曾撰文分析凯恩斯理论的疑点。行内朋友皆知，凯恩斯虽然主张刺激投资与消费，但认为扩需的重点是投资，理由是投资对扩需有乘数效应。我的疑问不在"投资乘数"是否存在，而是认为消费也有同样的效应。其实不只我这么看，今天的经济学教科书不仅讲"投资乘数"，同时也讲"加速原理"。不过前者是强调投资变动带动收入（需求）变动，后者是强调消费变动带动投资变动。既然消费能带动投资变动，自然也就能带动收入变动，殊途同归，是一回事。

举例说吧。某发电厂投资 100 万，其中 80% 用于买煤，20% 万用于消费，这样煤矿把煤卖给电厂，便得 80 万的收入；假定煤矿再用这 80 万的 80% 买机械，20% 发工资，那么机械厂可得 64 万的收入；机械厂用 64 万的 80% 买钢铁，20% 发工资，则钢铁厂可得 51.2 万的收入。以此类推，当初电厂 100 万的投资，最后会给社会创造出 500 万的总收入，故投资乘数为 5。若换个角度，消费者拿 100 万去买私人轿车，那么汽车厂可得 100 万收入。汽车厂有了这 100 万，可再用 80 万买钢铁，20 万发工资，则钢铁厂可得 80 万收入。接着推下去，100 万的消费带动的总需求，不同样也是 500 万？可见，用投资乘数证明投资是扩需重点未免有些牵强。

我的另一困惑，是投资对拉动需求的作用究竟有多大？投资肯定能扩内需，效果也立竿见影；可问题是投资拉动的只是中间需求而非最终需求。道理简单，增加投资虽可减少企业积压，但一旦投资完成又会形成新的产能，假若消费跟不上，对原本过剩的产能就会雪上加霜。这道理凯恩斯当然明白，所以他提出要重点投资公共设施，公共设施既不形成新的产能，还能带动私人投资，可一石二鸟、一箭双雕。

是的，投资公共设施不增加产能，而且也无须卖，似乎不存在"压库"一说。然而想深一层，若公共设施投资过度，导致设施闲置实际也是过剩或"压库"。再说，无论在何经济发展阶段，公共设施需求都是有限的，目前北京至天津建两条高速路已足够，就没必要再建新的高速吧？所以试图通过持续地投资公共设施拉动企业投资，甚至将公共设施投资当作拉动经济的"永动机"，那是不切实际的幻想。

说我的看法，与凯恩斯相反，我认为扩需的重点不是投资，而是拉动经济的另一驾马车——消费。明显地，消费与投资不同，投资只能拉动中间需求，而消费拉动的是最终需求。

不知读者是否注意到近年来中央在讲扩需时的变化。十七大之前是讲"投资、消费、出口";而十七大之后则是提"消费、投资、出口"。显然,消费与投资的排序变了。不要以为只是小的改变,排序改变的后面其实另有深意,至少说明中央认为对扩内需来说消费比投资更重要。

为何中央会这么看?用不着讲高深的理论,我们只需弄清一点,即生产的目的是什么?不二的答案当然是满足消费。既然生产是为了消费,那么无消费的生产就是为生产而生产。试想,为生产而生产是什么意思?生产不为消费岂不是发神经?所以扩需必须以消费为先,坚持用消费带动投资,用投资带动增长。事实上,任何没有消费的投资都是无效投资,除了增多 GDP,其他毫无意义。

最后再说"出口"。不少人以为增加出口能扩大需求,其实这只是个误会。不错,将国内过剩商品出口到国外,短期会减少国内库存,拉动国内投资;但要知道,一个国家参与国际贸易并非为了转嫁过剩,而是分享国际分工的利益,这样在出口的同时,就必须进口,否则只出不进或出多进少,那等于是拿国内资源去换人家的纸钞(外汇)。请问不进口你要外汇做什么?若出多少就进多少,出口又怎会增加需求?由此看,凯恩斯当年未将出口作为拉动需求的马车并非他的疏忽。

写到这里,我归总的结论是:拉动经济只有"消费"与"投资"一驾马车,其中消费是"马",投资是"车",即"投资"

得以"消费"为牵引。至于出口，那是国家间互通有无，若是进出口平衡，出口对国内需求的影响可忽略不计。而此结论的启示是：一国经济能否持续增长，关键在扩内需而非扩出口，尤其是经济大国，更不可将"注"押在出口上。

扩大消费的困难

我曾撰文说拉动经济并无三驾马车，消费与投资合起来其实就一驾：消费是马，投资是车。这是说，投资要以消费为牵引，拉动经济最终还得靠扩消费。若消费不振，仅加大投资是饮鸩止渴，对原本过剩的产能会火上浇油。这方面以往有教训，痛定思痛，所以这里我不去谈投资，而专说怎样扩消费。

思来想去，此问题的难点我认为是消费不同于投资，政府掌握着财政大权，一言九鼎，扩投资可谓易过借火；但扩消费不同，消费是个人行为，老百姓自己挣钱过日子，怎样消费怎会听政府招呼？政府总不至于搞强迫命令吧？不过换个角度想，政府虽不能直接干预个人消费，但却可通过一定的制度安排去引导。关键在于，这样的制度安排是什么？或者说要怎样设计才对？

事实上，中央早就提出要建立扩大消费的长效机制。所谓长效机制，我理解重点有二：一是稳定的收入增长机制。收入决定消费，收入增长消费自然水涨船高。二是适度通胀的机制。大众消费买涨不买跌，若今天不买日后更贵，当然也会刺激消费。除了这两条，另外我还想到一点，就是清理抑制消费的相关政策，不然政策相互掣肘，扩消费也难以施展，不会有大作为。

以上三条，理论上应当无懈可击，可一旦进入实际操作却有诸多难题。比如"收入增长"，中央说要保持居民收入与GDP增长同步，这个目标当然好，也是人心所向。然而居民收入（工资）决定于企业的初次分配，工资到底增多少政府说了怕是不算。我们知道，企业初次分配有三块：即工资、利润与税收。要是不减税，政府强逼企业提薪，那样工资必挤占利润，利润被挤企业投资会减少，失业增多则工资反而会降低。

绝非是在下拍脑袋，有前车之鉴：2007年年底出台新劳动法，言明要提高最低工资，由于当时没减税，结果工资普遍地挤了利润；碰巧2008年又赶上美国金融危机，内忧外困，当年就有近9万家企业停产，2000万农民工失业返乡。别误会，举这个例不是说新劳动法不该提最低工资；我想说的是，提最低工资可以，但应该先减税，不然政府只请客不买单，加重了企业负担后果更糟糕。

关于"适度通胀"之前我写过多篇文章，重复的话不再说，这里只指出两点：第一，通胀并非洪水猛兽，高通胀对经济有害，但适度通胀对经济却有益，至少它能刺激消费；第二，何为适度通胀？按世行的解释，是指通胀率不高于 GDP（或财政收入）增速。这解释没错，我同意；不过前提是居民收入得跟上 GDP 增长，否则即便通胀适度，居民实际收入也可能下降。鉴于此，与其将通胀率绑定 GDP，还不如直接绑定居民收入。只要通胀率不高于居民收入增长，则为"适度通胀"。

难题是怎样防高通胀？弗里德曼说，通胀始终是货币现象，只要投放货币不过多，通胀绝不会发生。从这个角度看，防高通胀关键在控货币，所谓"成本推动通胀"的说法是错的；"结构性通胀"的说法也是错的。国内学界有一种观点，认为我们前几年通胀是由农产品涨价推动，于是主张政府打压农产品价格。其实，农产品涨价是因为供不应求，限价只会事与愿违，令供应更短缺。再说，出现高通胀原本是央行的错，去责罚农民算咋回事？

转谈政策吧。是的，当下某些政策确实抑制了消费，最典型的要数"限购"。前几年国内房价上涨，为控房价政府推出"房产限购"政策；无独有偶，为缓解交通压力不少城市又出台了"汽车限购"政策。不必怀疑政府这样做的初衷，但限购无疑也压制了消费。如果说十多年前国人消费热点是家电，而今天的热点则是买房购车，若这两项皆被"限购"又何以提振消费？并非扣帽子，近年来经济下行原因虽多，但"限购"恐怕难辞其咎。

我不主张限购，可房价高了低收入者买不起房怎么办？难道政府就坐视不管？当然不是。居者有其屋，照顾穷人住房政府责无旁贷。但住房与买房是两回事，帮助穷人居住政府可提供廉租房，大可不必打压房价。可以肯定，即便目前房价跌一半，穷人还是买不起。而房价大跌极可能使今天的有房者变成"无产者"；甚至有人因还不起房贷而拖累银行而酿成金融危机。

有人说住房是特殊商品，但无论它怎样特殊终归还是商品。是商品，价格就要由供求定。如果我们相信供求定律，就绝不会相信房价只涨不跌的神话。八年前我写文章说"房产升值不是铁律"，并断言十年内国内房价必降无疑。现在看是说中了，可我那并不是望天打卦、碰运气；而是基于对房地产供求分析所得的判断。眼下房价正在回落，据说不少城市房地产"限购"已开始解禁，是好消息，能早解禁就早解禁吧。

我有预感，解禁汽车"限购"也是迟早的事。对交通拥堵政府当然要管，而且必须管，但不一定非得"限购"不可。你想，企业有汽车要卖，工人要就业，各地都限购汽车厂家岂不要关门？所以从扩消费的角度看，可取之策是"限用"而非"限购"。人们想买车尽管买，多多益善；但用车要限制。比如"限号出行"或"提高停车收费"同样可缓解交通拥堵，国外经验也证明行之有效，既如此我们又何必去限制消费呢？

产业政策千能

　　骤然看这题目有点怪。其实，我最初想到的是"产业政策并非万能"，可担心那样拟题读者会以为我要否定产业政策，权衡再三，最后还是决定用现在的题目。我的观点，产业政策对优化产业布局、推动结构升级无疑有助，但其作用也不可高估。正因如此，所以我说产业政策"千能"而非"万能"。

　　产业政策在今天的欧美国家已广泛采用，日本曾被认为是世界上实施产业政策最为成功的国家。20 世纪 90 年代，我国也开始制定产业政策。平心而论，近 20 年产业政策对经济发展有利也有弊。然而令人不解的是，学界对产业政策之"利"讨论非常多；对"弊"却很少提及。可不提不等于不存在，作为学者当知无不言，我这里就来说说"弊"吧。

　　从现象观察，有一点可肯定，时下产能过剩与之前的产业政策有关。请读者注意两个时间节点：第一个节点是"九五"

时期，国务院最早于 1989 年颁布《中国产业政策大纲》，1994
年国家又颁布《90 年代国家产业政策纲要》，而产业政策列入
"五年计划"则是从"九五"开始。"九五"时期，当时产业规
划提出要振兴煤炭、钢铁、汽车、建材等产业，可出人意料
的是，到"十五"（2001—2005 年）就出现过剩。有据可查，
2005 年商务部的数据显示，当年工业品库存同比增长 19%，
而其中以钢铁、汽车、电解铝等尤甚。

另一个节点是"十一五"。2009 年，国家颁布《十大重点
产业调整与振兴规划》，旨在支持钢铁、汽车、船舶、石化、
纺织、轻工、有色金属、装备制造、电子信息以及物流业。结
果呢，到 2012 年钢铁产能过剩很快扩散为整个制造业过剩。
据官方数据，目前能源、化工、橡塑、有色、钢铁、纺织、建
材等 500 多个产品，有九成销售率低于 80%，超过一半销售
率低于 70%。更让人深思的是，2013 年国务院发布的《关于
化解产能严重过剩矛盾的指导意见》中，所涉产业几乎都在
2009 年欲振兴的范围之内。

有一种观点，说产业政策虽会导致产能过剩，但对调结
构却立竿见影。理论上应是这样，可事实却不是。由于"九五"
支持的产业"十五"出现过剩，为了调结构从"十五"开始国
家出台一系列产业抑制政策。令行禁止，照理过剩产能应有所
收缩，可实际情况则雪上加霜，不仅原有过剩没消化；而且越
抑制越过剩。让我们再看三个节点：

第一个节点是"十五"。早在 2001 年国家就开始对钢铁"总量控制"，但 2002 年年底，钢铁投资总额达 710 亿元，比上年增长 45.9%；2004 年投资增幅高达 107%；到 2005 年年底，我国炼钢生产能力已达 4.7 亿吨，另外在建和拟建产能约 1.5 亿吨，而市场需求只有 3 亿吨。

第二个节点是"十一五"。2005 年年底，针对"十五"产能过剩，国务院常务会议专题部署，并于 2006 年年初发布了《关于加快推进产能过剩行业结构调整的通知》，要求要通过提高准入门槛、严格审批等控制新上项目，然而这一时期新增投资重点依然是有色金属、煤炭、化工、水泥等。2005—2008 年，这些行业投资的平均增速在 30% 以上，其中煤炭与电气超过 40%，相当同期 GDP 增速的 3 倍。

第三个节点是"十二五"。到"十一五"末，由于国内产能过剩愈加严重，于是国家发改委联合十部门制订了《关于抑制部分行业产能过剩和重复建设，引导产业健康发展的若干意见》，手段之严厉前所未有。可到 2012 年，钢铁产能超过了 10 亿吨；水泥从 18 万吨增至 29 亿吨，平板玻璃从 6.5 亿重量箱增至 9.9 亿重量箱，多晶硅从 2 万吨增至 15 万吨，电解铝从 1 800 万吨增至 2 600 万吨。

是奇怪的现象，但想想其实也不怪。产业政策所以难达目标，一是全球化后市场需求瞬息万变，产业政策跟不上市场变化；二是受利益驱动，地方政府对国家产业政策鼓励的行业纷纷给予优惠；而对要抑制的产业却消极应付甚至暗里予以保护。有地方政府庇护，产业政策当然会失灵。

由此看，要提升产业政策效果，我们得对症下药，我想到的建议有三条：

建议一，严格限定产业政策的调控范围。经验说，市场离不开政府调控，而政府要发挥作用，产业政策不可或缺。但要注意的是，产业政策不能太泛。具体讲，今后政府应重点针对"国家安全、自然垄断、公共品（服务）以及高新技术"等四大领域制定产业政策，对一般竞争性行业，应放手让市场调节，国家无须再搞产业政策。

建议二，产业政策既要体现政府的导向，但同时要限制政策优惠。是的，产业政策体现的是中央政府的意图，但中央政府的意图应主要通过财政投资去实现，而不是让企业吃偏饭。优惠政策不仅会妨碍公平竞争；而且地方政府为争取中央政府的优惠往往会鼓动当地企业一哄而起。

建议三，产业政策实施要充分尊重市场规律，尽可能少用或不用行政手段。比如对高能耗、高污染企业关停并转虽然见效快，但行政调控一刀切，无论投资者蚀本还是职工下岗皆会对政府产生对抗情绪，处置不当还会引发社会震动。若改用市场机制，如通过碳排权交易也一样减排。效果异曲同工，可成本却大不同。

最后再说几句题外话：为抑制地方政府投资冲动，有个釜底抽薪的办法，就是将消费税作为地方主体税。消费税在消费地征收，今后地方要增加税收重点在培育消费力而不是上项目；另外为理顺产业结构，中央政府应对价格管制作清理。要知道，价格是市场供求信号，能放开的价格不放开，信号失真调结构难免南辕北辙。

稳增长的重点

2011 年是中国经济的一个节点。为了调结构，这一年政府提出"稳增长"，意欲将 GDP 增长从高速调为中高速。有政府调控背景，此次经济下行本在意料之中，不过下行速度之快还是在许多人意料之外。2010 年 GDP 增长 10.45％，2011 年降至 9.2％；去年降至 6.9％。于是有人担心中国经济会从此风光不再。

曾说过多次，我对中国经济前景一向乐观。想当年美国爆发次贷危机，国际上不少权威机构断言 2009 年中国经济不能"保八"，而我撰文指出这看法是杞人忧天。果不其然，2009 年 GDP 增长 8.7％。实不相瞒，我说中国经济能够"保八"可不是望天打卦，那篇文章今天网上还能找到，后来收入我出版的《中国的前景》，白纸黑字，读者有兴趣可以自己看，我当时乐观的理由这里不重复。

英雄不提当年。时过境迁，当下读者关心的是对今天经济形势怎么看。上半年 GDP 已下行至 7%，而 7% 是中央提出要保的底线，这个底线我们能否守得住？李克强总理最近说：目前经济指标趋稳向好，中国有能力应对风险。我的看法也如是。不过我认为守底线得有个前提，那就是要在关键处应对得当，否则行差踏错，经济可能滑出底线不是危言耸听。

众所周知，本轮经济下行的原因主要是以往经济增长主要靠投资与出口拉动，而美国金融危机后欧美贸易保护盛行，中国出口受阻，国内产能出现过剩。要消化过剩产能，迫不得已政府才要求把原来的高速度降下来，因为不如此不仅结构无法调，而且产能过剩还会雪上加霜。当前的困难，是过剩产能尚未消化，而经济却又面临下行压力。屋漏偏遭连夜雨，政府要怎样做才对呢？

目前学界主流的观点，是扩内需，其实这也是凯恩斯当年的主张。是的，产能过剩而出口受阻，除了扩内需似乎别无他法。理论上，扩内需没错，而且也必要，但我认为这并非唯一上选，甚至不宜作为稳增长的重点。想深一层，扩内需无非是两招：扩消费与扩投资。消费决定于收入，扩消费就得涨工资。问题是企业有成本约束，工资不可能大涨；即便政府肯出钱也只能给公务员涨，企业工资大涨不了。由此看，靠扩消费稳增长怕是远水难解近渴。

政府扩投资呢？政府投资的领域主要是基础设施。1998

年应对亚洲金融危机，政府就是投资基础设施；2009 年应对美国金融危机，政府也是投资基础设施。事实上，在特定发展阶段基础设施投资是有适度规模的，过多投资虽可锦上添花，但同时也会挤出企业投资。最简单的道理，财政的钱主要来自税收，政府花钱多了企业税负会加重，而税负重了企业投资会减少。

政府投资与企业投资的这种替代关系，经济学早已讲得明白，所谓"财政挤出效应""李嘉图—巴罗等价定理"说的就是这回事。令人不解的是，不知何故学界却一直未予重视。我想这大概是人们只相信眼见为实的缘故吧。比如政府扩投资能创造就业是可看见的事实，官方也有数据发布；而政府扩投资挤出多少企业投资从而减少多少就业，这事实却看不见。可看不见的事实也是事实，设想一下，若政府少投资而多减税，让企业少缴税多投资是否也能创造同样的就业呢？

是的，稳增长其实还有一个思路：推进与改善供给。面对产能过剩，除了扩内需也可从供给方面下力。绝非异想天开，经济学有凯恩斯学派，同时也有供给学派。20 世纪 30 年代西方国家走出萧条用的是凯恩斯学说；但 70 年代美国摆脱滞胀用的则是供给学派理论。供给学派能在美国成功，说明它有可取之处，他山之石可以攻玉，下行压力当前我们何不用来试试？

事实上，凯恩斯学派与供给学派也非全然对立，目标都是扩大就业。区别在于：前者主张以政府投资为重点；后者则主张以鼓励企业投资为重点。体现在政策层面，前者是发国债，后者是减税。读者应该记得，国务院当初推出积极财政政策时很多人不解，问财政政策只分扩张与紧缩两种，何来积极财政政策？现在清楚了，积极财政政策是泛指刺激投资的政策。发国债（扩张）是积极财政政策，减税也是积极财政政策。

写到这里，也许有人问，今天政府为稳增长强调积极财政政策不变，那么重点是发债还是减税？若问我的意见我选减税。国债当然还可继续发，但规模要控制。要知道，近年来国内产能过剩，出口受阻只是原因之一，关键在两点：一是市场在配置资源中未起决定作用；二是产业政策推波助澜。第一点有目共睹，无须我说；第二点有事实为证："九五"时期产业政策支持的行业"十五"时期出现过剩；而 2009 年产业政策要振兴的十大行业，到 2013 年则严重过剩。

最近有句话很流行："大众创业、万众创新"，是由李克强总理首提。不知读者怎么想，我倒觉得这是一个信号，预示鼓励企业投资有可能成为今后稳增长的重点。若果如此，我举双手赞成。在我看来，鼓励企业投资可一箭三雕：一是消化现有库存；二是创造就业、税收；三是便于用市场机制调结构，因为相比政府投资，企业投资更尊重市场。

道理虽如此，可目前仍有一点我拿不准。困难在于，鼓励企业投资得多减税，当前财政吃紧，政府会不会担心财政减收而举棋不定？其实这担心大可不必。供给学派"拉弗曲线"我解释过多次，何况之前又有里根的"减税试验"，有此担心的朋友去找相关文献看看吧！

货币政策与通胀

利率不是政策工具

魏克塞尔的误导

通胀只是货币现象

贷款为何需要抵押

回归"一价定律"

再说稳定汇率

利率不是政策工具

　　我读到的经济学教科书皆说利率、存款准备金率与公开市场操作是央行掌握的三大政策工具；而且同时又说利息是货币的价格，利率高低要由货币供求定。这就让人糊涂了，准备金率与公开市场操作可调节货币供应量，说它们是政策工具好理解；可利率怎能是政策工具呢？

　　思来想去，将利率看作政策工具，原因大概是历史上每次出现通胀央行往往会加息，这样人们就以为加息是为治通胀。其实这是个误会。众所皆知，通胀是由货币供应过多引起，而加息抑制的却是货币需求而非货币供应。货币供应不减，通胀压力不可能被释放。央行所以在通胀后加息，不过是对储户存款贬值的弥补，目的并非治通胀。

　　同时我要指出，那种认为"利息是货币价格"的看法也是误会。事实上，货币的价格不是利息，而是货币的购买力。商品交换是等价交换，若一把斧头的价格是 10 元，即一把斧头等于 10 元货币。反过来看，则 10 元货币的价格就等于一把斧头。货币是固定充当一般等价物的商品，既然是商品，货币之价当然只能用所交换的商品量来表现。

说利息不是货币的价格还有一个依据。读经济史知道，利息不仅早于货币出现，而且在没有货币的地方也照样有付息现象。早年中国民间实物借贷很普遍，春借粮两斗，秋还两斗半，那多还的半斗实际就是利息。半斗"利息"除以原来所借的两斗，比值就是利率。在这里，我们根本看不见货币，但利息却存在，显然利息是货币价格的说法不可信。

由此推，说"利率由货币供求决定"的观点也是错的。经济学讲供求决定价格，货币供求决定的当然就是货币价格。说过了，货币价格是它的购买力，即所交换的商品量，若货币供过于求，购买力下降（如 20 元等于一把斧头）；若货币供不应求则购买力上升（如 5 元等于一把斧头）。可见，货币供求与利率决定并无直接关系。

于是问题就来了，若利息不是货币的价格，利率也不由货币供求定，那么利息到底为何物？利率怎么决定？要回答此问题，有两位经济学家不能不提：一位是 19 世纪末奥地利的庞巴维克。他在 1889 年出版的《资本实证论》中说，由于现在的钱比将来的钱更值钱，如果现在有人要提前预支将来的钱，他就得支付两者的价差，这个价差就是利息。简言之，庞巴维克认为利息乃货币的时差价值。

另一位经济学家是美国的费雪，其代表作是 1930 年出版的《利息理论》。费雪的观点与庞氏大同小异，但由于他们的角度不同引出的含义也不同。费雪说，虽然人性普遍"不耐"（不能耐心等待），但"不耐"的程度却有高低之分，有人很不耐，有人稍耐些。不耐的人要即时享受，就得用将来的期货交换稍耐人的现货，为此不耐的一方必须给稍耐的一方贴水（付息）。于是费雪给出定义：利息是"耐"的报酬，"不耐"的代价。一个人越不耐，所付利息就越多，利率也就越高。

我赞成费雪的分析。仔细想，的确是"不耐程度"决定了利率。战乱时期，人们生死难卜，于是不耐上升，利率通常被推高；反之，太平盛世人们丰衣足食，人心安定，不耐下降，利率也下降。另一个例子，是国债利率与银行利率。为何国债利率通常要高于银行利率？原因是政府不耐，要着急找钱弥补赤字。再有，当下国内民间借贷利率为何也普遍高于银行利率？答案是银行审贷烦琐、时间长，有人不耐等待，宁愿支付更高的利息。

我这样推介费雪，读者可能要问：如果费雪的利息理论是对的，我们能从费雪的理论中得到什么启示呢？我认为至少有以下三点：

第一，利率是由社会的"不耐程度"决定，与货币供应无关。上面的例子，国债利率与民间利率均高于银行利率，并非货币供应有何改变，而是政府与企业的不耐导致了利率差别。而可推出的政策含义是，央行抬高利率不能减少货币供给，对市场流动性过剩，不能用加息的办法解决。

第二，所有影响"不耐"的因素都会影响利率。比如出现了通胀，人们预期未来物价大涨，不耐的程度会加剧，利率肯定被拉高。这也是为什么通胀时期美联储要加息的原因。很多人以为，美联储加息是为了控制通胀，恰恰相反，是通胀导致了加息。加息只是通胀的结果，不是压制通胀的手段。弗里德曼说，通胀始终是货币现象，控制通胀的唯一办法是收紧银根，减少货币供应。

第三，央行不可脱离"不耐"操控利率。还是举通胀的例子。假如基点利率4%，而通胀指数5%，那么市场利率应升至9%。但如果为了压制通胀央行将利率提高到10%，结果如何？那一定是贷少存多。问题是，银行高息吸收存款却不能贷出岂不是要赔本？银行自然不会坐以待毙。若利率不许明降，就会设法暗降，只要银行把钱贷出去，则货币需求依旧，政府控制通胀的企图必定落空。

综上所述，利息是"不耐"的代价而非货币的价格；利率由"不耐程度"决定也非由货币供求决定。基于此我的结论是，利率并非央行的政策工具。想当年，教科书说"价格"是政府调节经济的杠杆，而今天"价格杠杆说"在教科书里已销声匿迹，但愿"利率工具说"也能尽早引退。

魏克塞尔的误导

前篇文章我写《利率不是政策工具》，限于篇幅对"利率工具论"的渊源未作分析。据我所知，最早提出利率是政策工具的经济学家是魏克塞尔。魏克塞尔何许人今天知道的读者怕不多，不过 20 世纪初他可是位风云人物。熊彼特曾赞他为"瑞典的马歇尔""北欧经济学的顶峰"。

事实上，魏克塞尔也非浪得虚名。1898 年，他的《利息与价格》一经出版便轰动欧洲。关于他对经济学的贡献，学界公认是他首次将价格分析与货币分析加以连接；首次将经济学静态分析引向宏观动态分析；首次提出了"非中性货币理论"与"累积过程原理"。今天大行其道的"利率工具论"，就是由该原理推导出来的。

为方便读者评判，让我对魏克塞尔的推导作简要介绍：

从萨伊到马歇尔，大多经济学家皆认为货币是中性的。

即价格由商品供求决定，货币增减只会影响价格总水平而不会改变商品比价，故而对经济不会产生影响。而魏克塞尔看法却相反，认为货币不仅是交换媒介，而且有储藏功能。若有人卖出商品后不马上买，货币被储藏，商品供求就会失衡，所以他认定货币是非中性的，对经济会产生影响。

魏克塞尔说：由于货币非中性，要想让商品供求恢复均衡就得用"利率"调节价格。为此他借用了庞巴维克的"自然利率"与"实际利率"来解释自己的观点。所谓自然利率，是指不存在货币时的"实物资本"借贷利率；而实际利率则是指"货币资本"的借贷利率。魏克塞尔指出，自然利率不同于实际利率，前者不影响价格，后者会影响价格。

他的推理是这样：当实际利率低于自然利率，企业会觉得有利可图而增加贷款扩大投资，投资需求增加会抬高原材料、劳动力与土地等要素的价格。要素价格上涨，要素所有者的收入增加，这样又会继续拉动消费品价格上涨，于是价格就形成了一个向上累积的过程。反过来，若实际利率高于自然利率，价格变动方向相反，会出现一个向下累积的过程。

魏克塞尔由此得出结论说：利率与价格之间有某种内在的因果关系，而且由于货币的存在，实际利率往往会偏离自然利率，也正因如此，要想保持价格稳定就必须适时调控实际利率，让实际利率与自然利率保持一致。于是由此引申，学界就有了"利率是政策工具"的说法。

对以上魏克塞尔的论证不知读者怎么看，实不相瞒，《利率与价格》我曾读过不下三遍。学生时代读过不算，那时候是为了应付考试；十五年前为了写《与官员谈西方经济学名著》重读，仍觉得无懈可击，还多次在自己文章中引证过他的理论。可最近再读，却发现了他的理论有疑点，准确地讲是让我产生了一些疑惑：

魏克塞尔说，货币出现后实际利率会偏离自然利率，而我却总也想不通实际利率为何会偏离自然利率。根据庞巴维克的定义，利息是货币的时差之价；而费雪将利息定义为"不耐"的代价。两人表述不同但意思相近，即利息（利率）高低取决于借期的长短或不耐程度，与借贷品是"实物"还是"货币"无关。这是说，货币出现前利率由"不耐"决定；货币出现后利率仍由"不耐"决定。

这样问题就来了：既然决定利率的是同一因素（不耐），实际利率就应该等于自然利率，两者怎可能偏离呢？我个人揣测，魏克塞尔相信实际利率会偏离自然利率，大概与多数学者一样也将利息看成了货币的价格，以为利率的高低是由货币供求定。只可惜这看法是错的，我在前篇文章中论证过，货币的价格不是利息，而是它所交换的商品数量。此其一。

疑惑二：价格上涨究竟是由利率推动还是货币量拉动？毫无疑问，单个商品的价格是由该商品的供求决定；而价格总水平则由货币供求决定。换句话说，利率既不能改变单个商品的价格，也不能影响价格的总水平。照魏克塞尔的说法，实际利率若低于自然利率企业会有扩贷需求。可我要追问的是，若货币供应没增加，企业无款可贷利率怎可能拉高要素价格？若要素价格不涨，要素所有者收入不增加当然消费品价格也不可能涨。由此可见，决定价格总水平的是货币量而非利率。

疑惑三：央行调控实际利率的依凭为何？说过了，货币市场的"实际利率"在量上其实就等于"自然利率"。退一步，即便实际利率与自然利率不等，可在货币经济下你能知道自然利率是多少吗？问题就在这里，如果我们不知道今天的自然利率是多少，请问央行又何以去调控实际利率？在我看来，所谓调控实际利率使之与自然利率一致的主张不是自欺欺人，就是为操纵利率提供借口。

由此看来，魏克塞尔的"利率工具论"确实是一种误导。为澄清误解，我这里要重申三点：第一，商品价格是微观现象，价格总水平是宏观现象，两者不可混为一谈；第二，价格总水平由货币供求决定，货币供过于求会通胀，货币供不应求则通缩，价格总水平与利率无关；第三，利率由"不耐程度"决定。尽管通胀时期"不耐程度"有可能会加剧，但不能因此就说利率是由货币供求决定，更不要误以为加息可以抑制通胀。

我说清楚了吗？不肯定。期待着读者的回应！

通胀只是货币现象

关于通货膨胀的成因，经济学流行的解释有三个方面：需求拉动；成本推动；结构因素推动。当年读大学老师就是这样教的，当然考试我也是这样答的。不过考试归考试，多年来自己心中却一直有困惑。主要一点是：成本与结构因素究竟能否推动通胀？

想必读者也有体会，学生时代往往对教科书会深信不疑。即便有困惑，也只是认为自己蠢，不会去怀疑教科书，何况教科书皆出自萨缪尔逊、斯蒂格利茨、曼昆等名家之手，怎敢轻易质疑名家？然而今天我自己做了教师，人过中年，早年的困惑仍挥之不去。这里就说说我的思考吧。

顾名思义，所谓成本推动通胀，是指通胀由生产成本增加所引起。教科书说，成本推动通胀有三个途径：一是"工资推动"。工资是成本的重要构成部分，工资上涨会加大生产成本，而成本增加必导致物价上涨。物价上涨后，工人又会要求加工资，于是物价会进一步上涨。如此循环往复，则工资与物价螺旋上升、轮番上涨。

另一途径是"利润推动"。工资成本提高后，垄断企业绝不会让工资挤占利润，为追求最大化利润，常常会"操纵价格"去抬高利润，使利润增长高于工资增长。在经济学看来，利润作为资本的报酬，其实也可看作是投资者的成本，故教科书将此类物价上涨也归集于成本推动。

再一个途径，是"进口成本推动"。由于进口的原材料、燃料等价格上升，国内生产成本增加从而导致物价上涨。而且教科书说，在此情况下，通胀还可能通过国际贸易渠道与国际货币体系传导到其他国家。比如20世纪20年代西方国家出现普遍的通胀，一个重要原因是国际市场石油价格大涨。

对以上分析，我的困惑是成本能否决定价格。价格虽然包含成本，但决定价格的未必是成本。不否认，成本决定价格的情况历史上曾有过，如当年上海牌手表每只成本100元，企业目标利润20元，故手表定价为120元。可那时是计划经济，而且手表供不应求；若供过于求，价格就不能由成本决定。

我知道的经济学，按成本定价是厂商（出厂价）卖价，卖价能否成为市价得看消费者的出价。消费者出价与卖价一致，卖价即为市价；若前者低于后者，卖价能否成为市价则取决于商品供求。商品短缺，供方说了算，卖价就是市价；但若商品过剩，卖价不可能是市价。

说得再明确些：商品供不应求，由生产者主导定价，成本可决定价格；反之商品供过于求，由消费者主导定价，则需求决定价格，价格决定成本。问题是，生产过剩乃市场经济常态，故价格通常是由需求定而非成本定。以中国为例，2008年实施新劳动法以来，平均工资提高了20%，由于产能过剩，国内物价却不涨反跌。2008年CPI为5.9%；2014年CPI为2%；去年CPI仅为1.5%。

可见，价格由成本决定只有一种可能，那就是商品供应短缺。若非如此，成本不可能决定价格。同理，只要供应不短缺，企业利润与进口成本也不可能推高价格。至于结构因素，与上面的"成本推动说"大同小异，我认为也不会导致物价普涨。

关于结构因素推动通胀，教科书是这样说的：社会经济存在不同产业，不同产业的增长速度与劳动生产率也各不相同，可工资水平却往往由增长速度快或劳动生产率高的产业决定，这样一来，其他产业的员工便会出于攀比也要求向高工资看齐。结果工资你追我赶，使全社会的工资增长高于劳动生产率提高，于是出现了通胀。

在我看来，以上情形其实只是一种假想。怎么可能呢？经济学说，工资水平要由用工的边际成本与边际收益决定。工资增长若高于劳动生产率提高，意味着用工边际成本高于边际收益。倘真如此，企业主绝不会坐以待毙，他有两个选择：一是裁员；二是提价。前面说了，产品过剩不可能提价，那么企业一定会选择裁员。

学界对结构性通胀还有一种解释，前几年国内出现通胀，有人说是农产品涨价推高了工业品的成本从而导致通胀。我也不赞成这种说法。让我举一个简化的例子。假定一个国家只生产两种产品：一吨大米与一台冰箱，大米价格为 1 000 元 / 吨；一台冰箱价格为 1 000 元 / 台。而央行当年投放的货币也正好是 2 000 元，这样绝不会有通胀。在货币供应约束下，若大米涨价冰箱就得降价。

可奇怪的是，前几年国内农产品涨价后，工业品价格也跟着涨，比如一吨大米涨 500 元，冰箱也涨了 200 元。何以如此？不用猜，我认为一定是央行多发了 700 元的货币。如果央行守住 2 000 元的货币供应不变，大米涨价 500 元，冰箱必降价 500 元，否则没有对应的货币需求，冰箱只能压库。也正是在这个意义上，所以弗里德曼说通胀始终是货币现象。

是的，如果一个国家生产过剩而又同时发生通胀，唯一原因是央行多发了钞票，舍此无他。这是说，通胀的成因就一个，即由需求拉动。只要央行管住货币供应，不仅成本不可能推动通胀，结构性物价上涨也不可能演变为通胀。而此推论的政策含义是，如果发生了通胀，政府只需紧缩银根，那种试图通过打压农产品价格控制通胀的想法是错的；用行政管控价格的想法更是错上加错。

贷款为何需要抵押

农民贷款难由来已久，是老问题了。平心而论，这问题到今天久拖不决并非政府不作为，相反，政府已煞费苦心。那么是银行对农民有偏见吗？当然也不是。撇开政策性银行不说，商业银行在商言商，自然不会对贷款对象分远近亲疏。既然政府重视而银行又无偏见，那农民融资难的症结究竟何在呢？

对此现象的解释，学界时下众说纷纭。而主流的看法则是农村金融机构少，满足不了农民的融资需求。说得直白些，这观点认为只要在农村多办一些金融机构，农民贷款难便可迎刃而解。也巧，我手头正好有一份调研报告，称西南某市在央行的支持下已拥有 27 家银行与 63 家非银金融机构，网点覆盖173 个乡镇，如此一来，据说当地农民贷款已不再难了。

我没去当地调研，相信报告所说是真的。不过我却有个疑问不解：当地农民贷款不再难到底是由于金融机构多还是另有原因？之所以这么问，我想到的是中小企业贷款难。众所周知，目前中国的银行机构大都集中在城市，且为数不少，可为何城市中小企业也会贷款难呢？可见，贷款难不难重点并不在银行机构的多少，若信贷资源紧缺，银行再多怕也于事无补。

类似的例子是春运火车票。比如市场需要 100 万张，而铁路只能供应 80 万张，有 20 万张缺口怎么办？我们听得最多的建议是增加售票网点（或实名购票），铁路公司也果然这么做了。效果如何呢？不必说，只要车票供应不增加，仅增多售票网点（或实名购票）无疑治标不治本，最后还会有 20 万人买不到票。其实，农民融资难也一样，若不增加信贷供应，就是把银行办到农民家门口，农民也贷不到款你信不信？

当然不是说增加信贷供应农民就一定能贷到款，那只是一方面；事实上，农民贷款难的背后还有更复杂的因素。早几年国内曾出现流动性过剩，说明银行手里并不缺钱，可那时农民不也照样告贷无门吗？近几年信贷资金虽然收紧，银行却每天都在发放贷款。令人困惑的是，为何有人能从银行借到钱而农民却难于登天？难道银行真的是歧视农民不成？

农民贷款难，可从两方面分析。先从银行看，说过了，银行是企业，但不是一般的企业。区别在于，一般企业经营的是物质商品，对商品同时拥有使用权与所有权；而银行经营的是货币，而货币主要来自储户存款，银行只有使用权而无所有权。换句话说，信贷资金是银行向储户借的，日后得还本付息，这也是银行为何要把"安全性"放在首位的原因。

再从融资角度看。融资有直接融资与间接融资两种，前者发行股票或债券，风险由投资者承担；后者则通过银行贷款，风险由银行承担。问题就在这里，按照巴塞尔协定银行资本充足率仅8%，它怎可能承担过多风险呢？正因如此，于是间接融资便有了特定的制度安排。其中重要一点，是借贷人必须有资产抵押。想想也是，间接融资原本就是指借贷人自己有资产，只是资产形式与需求不匹配（如有不动产却需现金）才需银行融通。

由此可见，资产抵押是间接融资的前提。不过不要误会，并非所有的借贷都需抵押。银行吸收储户存款也是借贷，可它却无须抵押。为什么？因为银行向储户借贷相当于发债，是直接融资。严格地讲，只有通过中介机构的借贷才是间接融资，比如农民向银行贷款就是典型的间接融资，所以就需有资产抵押。正是在这个意义上，所以多年来我坚持认为农民贷款难的症结不在银行，而是农民无资产抵押。

是的，银行不是慈善机构，不可能不规避风险，这一点不仅现在变不了，今后也不可能改变。而引申到政策层面，其含义是解决农民贷款难问题，不要指望银行改规则，而是要设法让农民有资产抵押。有这可能吗？事在人为，可能性当然有。事实上，今天农民并非一贫如洗，他们是有资产的；至少宅基地是资产，住房也是资产。问题是，农民有资产可为何不拿去作抵押呢？

前几天见到一位县委书记，据他讲，农民目前拥有的宅基地使用权、住房所有权、土地承包权以及林地承包权中，现行法律仅允许"林权"一项可以抵押，且《物权法》与《担保法》明确规定宅基地不得抵押。法律作如此规定，当初立法者意图为何不得而知。最近我查文献，看到一位官方权威人士有解释，其大意是：土地承包权、宅基地、住房等不能抵押而林地承包权可抵押，原因是前者是农民生活必需品，后者不是。

听上去这解释似乎在理，但深想却不然。我的疑问是，必需品为何不能用于抵押？抵押作为一种风险约束，应当抵押品越重要风险约束力越强。再说，城市住房也是必需品，城里人可用于抵押为何农民不能？也许有人说，那是防患于未然，避免农民日后流离失所。此担心虽可理解，但我看是杞人忧天。要知道，法律允许抵押是一回事，农民会否用于抵押是另一回事。农民不蠢，你凭啥就断定农民会不计后果将资产贸然抵押呢？

所谓法律面前人人平等，我理解是：人人都得守法，不管是谁，天王老子违法也要惩处；另一含义是，法律要保障公民的平等权利。具体就银行贷款来说，农民的资产可否用于抵押旁人不必越俎代庖，还是多听听农民的意见，把选择权交给农民吧。

回归"一价定律"

　　关于人民币对美元的汇价，中美两国这些年一直有争议。美方认为人民币币值严重被低估，指责中国政府干预了汇率；国内学界也有人批评说，压制人民币升值是贱卖中国。而我的观点，目前人民币汇率宜守不宜升，至少不应大幅度升。

　　我不同意"贱卖中国"的批评。汇率问题很复杂，并非贱卖贵卖那样简单。请问，如果中国贱卖商品不妥，那么美国让人民币升值是何道理？将心比心，作为消费者，谁都希望买到的商品物美价廉，可人民币升值中国商品在美国市场必涨价，美国政府明知如此，可为何还要逼人民币升值而让消费者多付钱呢？美国人不傻，醉翁之意不在酒，背后原因我不说读者也知道吧。

　　奥巴马上任之初就曾说，美国要做世界上第一出口大国。美国要不要做第一是他们的事，旁人管不着。但有一点，美国逼人民币升值对中国不利，对美国也没好处。原因简单，东南亚国家的劳工成本比中国还低，相比起来，美国的劳工成本却明显要高出很多，这样，美国即便限制了中国产品的进口，但东南亚其他国家的产品照样会销往美国。看来美国此举的确是损人不利己，不明智。

问题在于，中美汇率之争远未结束，今后还会争下去。为避免各执一词，我们不妨先回到理论层面，看看汇率到底该怎样定。其实，一战以前，汇率确定并不像现在这么麻烦，当时，各国货币都规定黄金含量，持有货币可以自由兑换黄金。两国货币的汇率，就是货币的含金量之比，叫作铸币平价。比如，1 英镑含黄金 113.0 格令，1 美元含黄金 23.3 格令，两国货币的铸币平价就是 4.9，因而英镑对美元的汇率就是 1∶4.9。当然受市场行情的影响，汇率也会有所波动，但由于有黄金作保证，汇率波动的幅度很小，故那时候的汇率称为固定汇率。

到了一战期间，各国为应付军费开支，大量发行纸币，纸币含金量没法保证，也就不能兑换黄金，铸币平价随之土崩瓦解。待战争硝烟散尽，贸易重开，如何确定汇率呢？ 1922年，瑞典学者卡塞尔出版了《1914 年以后的货币和外汇》一书，提出购买力平价说，认为应根据各国货币的购买力来确定它们之间的汇率，此说一出，备受推崇，各国政府按图索骥，重打锣鼓另开戏，纷纷重定汇率。

我们知道，经济理论大都有假设前提，而购买力平价说的前提是，两国之间贸易自由，商品、劳务交流，不受关税、配额限制，即便有限制，双方外贸政策对等，没有相互歧视。同时，假设两国商品的运输成本也大致相同。依据以上前提，于是卡塞尔的推论是，同样货物无论在哪里销售，其价格必然相等。也可以这么理解，若世界上只有一种货币，那么在任何地方购买同质的商品，花费都应该一样。此推论被称为"一价定律"。

当然，各国货币不可能相同，不过由"一价定律"可推出的含义是，两种货币汇率，则等于它们的购买力之比。比如一个同样的汉堡包，在美国卖1美元，而在日本卖150日元，那么就可认为，1美元相当于150日元的购买力，美元对日元的汇率是1∶150。如果一国的货币购买力下降，商品的国内价格上升，该货币就会对外等比例贬值；反之，购买力上升，货币则会相应升值。还是上面的例子，如果由于某种原因，汉堡包在日本售价上升为200日元，在美国仍卖1美元，那么日元贬值，美元对日元的汇率降为1∶200；反之，如果美国的汉堡包售价上涨到1.5美元，在日本仍为150日元，就说明日元升值，美元对日元的汇率变为1∶100。

以上推论，讲的是某一时点两国价格水平与汇率的关系，称为绝对购买力平价。与此对应，卡塞尔还提出了相对购买力平价。他认为，在一段较长时间里，两种货币汇率变化的百分比，刚好等于两国国内价格水平变化的百分比之差。比如英国物价一年上涨 10%，而美国物价只上涨 5%，那么，根据相对购买力平价，英镑对美元会贬值 5%。汇率变动刚好抵消英国通胀超过美国的 5 个百分点。这是说，汇率的涨跌，不能由哪国政府凭空决断，而应充分考虑物价水平的变化，而且与同期两国物价水平的相对变动成反比。

明白了以上道理，让我们再来说中美汇率。首先，我选 1998 年的汇率做基期，为什么？因为当时亚洲发生了金融危机，周边国家货币纷纷贬值，唯有人民币一枝独秀，没贬值。不是不可以贬，而是中国作为一个大国，希望在亚太地区经济稳定中有所担当。所以当年朱镕基总理承诺，人民币三年不贬值，三年以后也不贬值。中国政府说到做到，没有食言，国际社会一片叫好。也正是基于此，故本文有理由把 1998 年的汇率作为基期汇率。

设若如此，那么 1998 年人民币对美元的汇价是多少呢？官方的数据是 1∶8.27，而近 10 年中国的平均消费物价指数却高过美国，这是说，从"一价定律"看，人民币不应升值。可近几年美元对人民币却在不断单边贬值，2006 年是 1∶7.9，现在已贬到 1∶6.2。奇怪的是，美国仍得寸进尺要求人民币升值。何以如此？我看美国除了翻来覆去强调存在贸易逆差外再也说不出别的令人信服的理由。

再说稳定汇率

人民币持续升值多年，去年 8 月一度贬值。出人意料，国际社会一片哗然。有人揣测：中国此举是先发制人，对美联储意欲加息提前作出的反应；也有人预言人民币若持续贬值将可能引发货币战争。而李克强总理在夏季达沃斯论坛表态，人民币目前已保持稳定，不存在持续贬值的基础。

很明显，李总理以上表态是在传递一个信息：人民币不会持续贬值。长期不贬可为何这次要贬？央行的解释，是顺应汇率形成机制的市场化改革。而国际货币基金组织（IMF）则称中国的新做法是"可喜的一步"，表明"市场力量在确定汇率方面发挥更大的作用"。我的观点，汇率市场化乃大势所趋；但长远看，维持人民币币值稳定是大局。

人民币此次贬值，其实也是事出有因。过去我们人民币一直盯美元，近几年美元升值，人民币也跟着升；加上美元兑人民币单边贬值，2008 年以来人民币实际升值 33%。问题在于，人民币对外升值，对内却有贬值压力。这压力主要来自外汇盈余，由于有强制结汇安排，外汇有盈余央行就得对应投放人民币（外汇占款）。而人民币投放多了，对内当然要贬值。

这正是今天人民币的纠结所在。一方面，中美贸易长期顺差，美国咄咄逼人要求人民币升值；另一方面人民币对内却需要贬值。左右为难怎么办？我曾说过，所谓"贸易平衡"其实只是美国的一个借口。事情明摆着，中国出口美国的商品美国自己并不生产；而中国希望进口的高科技产品，美国又不卖。这样人民币升值怎可能有助中美贸易平衡？

由此看，美国逼人民币升值，目的不过是打压中国的出口。中国经济过去 30 多年高增长，出口的贡献居功至伟。而今天中国已成为全球第二大经济体，树大招风，美国更不会无动于衷。时下由美国发动的"跨太平洋战略经济伙伴协定"（TPP）与"跨大西洋贸易与投资伙伴关系协定"（TTIP）谈判，用意昭然若揭，就是要围堵中国的出口。

是的，人民币升值对中国的出口不利。既然不能升值，那么人民币可否贬值呢？我认为贬值也不可取。尽人皆知，中国目前是世界最大的出口国，也是贸易顺差国，有近 4 万亿的外储，在此情况下人民币贬值理由不足。再说，别人也不蠢，若我们人民币贬值，人家也会跟着贬。大家一起贬的结果必是多败俱伤，这种损人不利己的事，当然不做为妙。

想想亚洲金融危机吧。当年危机爆发后周边国家货币纷纷贬值，人民币照说也可跟着贬，可朱镕基总理代表中国政府承诺人民币三年不贬值，三年后不用贬值。起初国内很多人忧心忡忡，担心会重创中国的出口。而朱总理回应说，人民币不贬值对出口有影响，但不会伤筋动骨，因为中国出口的商品与周边国家不同，别人出口的商品我们不出口。果不其然，1998年后人民币一直未贬值，出口却大有可观。

回头看，朱总理确有先见之明。不过想深一层，当年他作此承诺还有一个原因，那就是人民币贬值对中国利弊参半。教科书讲一国货币对外贬值有利出口，是指贬值能降低商品在国际市场的价格；但另一方面，贬值也会提高进口商品的价格。中国不单是第一大出口国，同时也是第二大进口国，若进口原材料价格上涨，国内生产成本会上升，这样再将制成品出口，国际市场价格未必会低。

基于以上分析，目前人民币既不宜升值，也不宜贬值。事实上，货币的功能就是计价、结算与储备。形象地说，货币就如同衡量长度的标尺，若计量刻度朝定夕改，变化不定，谁会用这样的标尺？同理，若一个国家的货币不稳定，谁也不会用它计价，更不会用于储备。学界正在热议人民币国际化，我认为人民币要国际化，关键是币值要稳定。

若读者同意我的分析，接下来要讨论的是怎样维持人民币币值稳定？据蒙代尔"不可能铁三角"定理说，一个国家在货币发行权、资本自由流动、汇率稳定三个选项中，只能三选二，不可能三者同时得兼。显然，中国作为主权国家，货币发行权不能放弃，而随着人民币国际化，汇管得放开，资本也会自由流动，这样汇率就难以稳定了。倘如此，人民币币值怎么稳定？

无须怀疑，蒙代尔说的肯定没错。但这里要提点的是，一个国家的币值稳定与汇率稳定有关，但不完全是一回事。在早年金本位时代，币值稳定是指单位货币代表的金量恒定；而今天讲币值稳定，则是指单位货币的购买力不变。汇率稳定呢？顾名思义，是指一国货币与他国货币的交换比值稳定（即固定汇率）。当两种货币币值皆稳定，汇率会稳定；但若其中一种货币不稳定，汇率也就不稳定了。

综观地球，迄今坚守固定汇率的国家（地区）已经凤毛麟角，固定汇率实际已成明日黄花。所以我主张人民币币值稳定，并非要稳定人民币兑美元的比价，而是稳定人民币的购买力。其操作重点，是人民币不再盯美元，而以一篮子商品为锚。若篮子商品价格指数下降，央行放出人民币增外储；反之则减外储收回人民币。如此一来人民币币值当可稳定。

问题是人民币不再盯美元，汇率就会自由浮动。这一点央行不必担心，也不必去管；同时汇率管制也可逐步放开，利率也让市场决定。只要人民币币值稳定，没有谁会去炒人民币，即便有人炒也绝不可能从中渔利。这样稳坐钓鱼台，以静制动岂非善哉！

开放经济与对外贸易

中等收入何来陷阱

配第—克拉克定理并非定理

斯密—李嘉图定理

"中心—外围论"存疑

高关税的错觉

出口是为了进口

中等收入何来陷阱

"中等收入陷阱"在学界口口相传，很流行。近几年中国经济下行压力大，有人断言是因为遭遇到了"中等收入陷阱"。早就听到过类似的说法，只是当初并不以为然；近来读报看电视，发现拿"陷阱"说事的人越来越多，不少人还据此料定中国经济已到拐点，从此会走下坡。而背后的潜台词是，既然"中等收入陷阱"是一道迈不过的坎，规律如斯，面对经济下行就只能听天由命，谁也无力回天。

是这样吗？说实话，我个人不同意将当下中国经济下行与"中等收入陷阱"相联系，甚至对"中等收入陷阱"这一提法本身我认为也有诸多疑点。这些天查阅文献，发现有个现象很奇怪，众人皆说中等收入有陷阱，口口相传，可并未见有哪位学者对为何有"陷阱"给出论证。简单的分析是有的，不过都似是而非，难以令人信服。问题是，用一个有待论证的"理论"给中国经济下定判，这样做是不是有些失之草率呢？

我看到的文献，"中等收入陷阱"的发明者是世界银行。2006 年世行发表"东亚经济发展报告"，首次提出此概念，意思是说，进入中等收入的国家通常会面临一个两难境地：在工资成本方面无法与低收入国家竞争；而在高新技术方面又无法与高收入国家竞争，上下被挤压，于是中等收入国家很容易陷入增长停滞期。骤然听，似乎不无道理，然而深入想却疑点多多，让我指出以下三点：

首先，中等收入国家的工资成本比低收入国家高，这当然是事实；而在高新技术方面与高收入国家比存在差距，也是事实。然而这事实怎可推出中等收入国家必陷入停滞呢？不要忘了，中等收入国家的工资成本虽比低收入国家高，但技术水平却比低收入国家高。同理，中等收入国家技术水平不及高收入国家，可工资成本也相对低。故与低收入国家比中等收入国家在技术上具有优势；而在工资成本方面与高收入国家比具有优势。这样看，中等收入国家大可不必妄自菲薄，谁说中等收入国家只能用自己的短处比人家的长处？天下没这道理吧！

其次，一个新理论能否成立需经过实证，只有经过实证未被推翻理论才算成立；若一旦被事实推翻，理论就不成立。"中等收入陷阱"是否成立？赞成者大多举东南亚与拉美国家为证：马来西亚 1980 年人均 GDP 为 1 812 美元，而到 2008 年达 8 209 美元后就徘徊不前了；再看阿根廷，1964 年人均 GDP

约 1 000 美元，20 世纪末上升到了 8 000 多美元，2002 年又下降到 2 000 多美元，2008 年又回升到 8 236 美元。东南亚与拉美类似的例子多，经数十年努力都一直未过 1 万美元。

以上举证不能说没有说服力，但要指出的是，科学验证的重点是证伪而非证实。比如"天下乌鸦一般黑"，大家均认定乌鸦是黑的，但若有人举证有一只乌鸦是白的，那么"乌鸦是黑的"就被推翻了。验证"中等收入陷阱"也如是，只要能举证有一个国家从中等收入到高收入未落陷阱，则"陷阱说"就立不住。有这方面的例子吗？当然有。比如今天高收入的美国当年就未遇陷阱；日本 1972 年人均 GDP 约 3000 美元，到 1984 年就突破 1 万美元，由低收入到高收入国家只用了 12 年；韩国的时间更短，只用了 8 年，1987 年人均 GDP 约 3 000 美元，1995 年就达到了 11 469 美元。

再次，经验说，不论低收入国家还是高收入国家，经济都可能出现停滞。老牌的工业化国家英国，一战后便风光不再，今天在经济上已成二流国家；美国堪称世界经济老大，可 20 世纪 70 年代也曾出现停滞，六年前还爆发了金融危机。低收入国家呢？经济停滞的例子更多，俯拾即是。可令人匪夷所思的是，既然增长停滞在任何收入水平的国家都可能出现，并非中等收入国家所独有，那么又何必危言耸听，搞出一个所谓"中等收入陷阱"来？

回头再说中国经济，当下经济下行原因有多方面：主要的，一是近年来欧美经济不济，中国对外出口受阻，外需明显减弱；二是国内产能过剩，调结构需要时间；三是中国已成全球第二大经济体，2015 年 GDP 达 67.67 万亿元，基数如此之大，增速放缓不足为怪。显然，以上这些因素皆与所谓"陷阱"无关，是特定时期的特殊问题。若硬性将这些问题与"中等收入陷阱"挂钩，无疑是自求烦恼，除了误导决策，我看不出会有半点用处。

曾说过多次，对中国经济前景我一贯看好，今天仍不变。事实上，中国也有自己的竞争力：经过 30 多年的改革开放，工业化基础雄厚，技术水平虽赶不上发达国家，但比低收入国家要先进得多；工资成本虽比低收入国家高一些，但比高收入国家要低得多。这正是我们的比较优势所在，只要我们扬长避短，减少体制掣肘利用好自己的优势，长远地看，对中国经济我们没有理由不乐观。

当下最要紧的有两点；一是调结构。产能过剩必须调结构，阵痛在所难免，增速也会低一点，但这是必付的代价，决策层要有心理准备，也要有自信与承受力；另一点是扩内需，外需不足内需补，舍此别无选择。中国近 14 亿人口，扩内需得天独厚，我敢肯定，若能将国内需求带动起来，中国保持十年 7% 增速绝不成问题。

配第—克拉克定理并非定理

　　今天学界谈论产业结构，似乎总也绕不开"配第—克拉克定理"。该定理说：一个国家随着经济发展，第一产业比重会下降，第二产业比重会上升，跟着第三产业比重也随之上升。作为一个学术观点，当然可以讨论；但值得注意的是，不少地方已将此作为衡量结构是否合理的标志，以为第三产业比重越高结构就越合理。我认为这是个误区，若不澄清会贻害无穷。

　　顾名知义，"配第—克拉克定理"与两位学者有关。一位是英国古典经济学家威廉·配第，1672 年他在《政治算术》中比较了英国农民和船员的收入后发现：以盈利多少论，从事农业不如从事工业，从事工业则不如从事商业。于是他预言说：随着经济发展，产业重心将逐渐由有形产品生产转向无形服务的生产；当工业收益超过农业时，劳动力必然由农业转向工业；当商业收益超过工业时，劳动力会再由工业转向商业。

1940 年，同是英国人的克拉克出版了《经济进步的条件》，他按照配第的指引，对 40 多个国家（地区）不同时期三次产业的劳动投入和产出作了实证研究，结果所得结论与配第的预想完全吻合，于是学界将其合二为一，统称为"配第—克拉克定理"。之后，库兹涅茨、埃·索维等西方学者纷纷鼎力支持，众星捧月，使该定理在国际上得以广泛传播。

有众多著名学者的支持，照理这定理毋庸置疑。事实上，我也不怀疑该定理。既然不怀疑，可为何我说将此作为衡量结构是否合理的标志是个误区呢？之所以这么讲，是因为该定理其实并非"定理"，而是"定律"。大家知道，科学上的定理是指用逻辑演绎证明的命题，通常表述为"若条件，则结论"（如勾股定理）；而定律则是对经验事实的描述，即归纳特定时空下大量事实所得的结论（如牛顿力学定律）。一言以蔽之，定理不受时空约束；定律要受时空约束。

显然，"配第—克拉克定理"属于后者，严格地讲不是"定理"。问题就在这里，若它不是"定理"是"定律"，那么就同样要受时空约束。这是说，与其他定律一样，一旦时空改变就会失灵。正是从这个意义上，所以我说一个地区调结构不必刻意迎合该定律。否则东施效颦，到头来只会弄巧成拙。不是吗？近些年国内实体经济逐步虚脱，其实就与各地盲目发展"三产"不无关系。有前车之鉴，我们怎可重蹈覆辙呢？

别误会，我并不是说"配第—克拉克定律"不可借鉴，能借鉴当然要借鉴。但要指出的是，该定律可否借鉴得首先弄清它的时空条件，若条件不清，我们也就无从作出判断。可令人遗憾的是，该定律的时空条件为何不仅配第与克拉克本人未作说明，学界也似乎无人研究。之前曾担心自己孤陋寡闻，最近又翻阅了大量文献，反复查找还是找不见。也好，别人没说我来说，不肯定对，但应该不会错，就当是抛砖引玉吧。

在我看来，"配第—克拉克定律"的约束条件主要有两个：一是发展阶段（时间）约束，二是分工范围（空间）约束。所谓发展阶段约束，是指该定律只存在于特定的发展阶段，在别的阶段不存在。我想到的最极端的例证是农耕社会，那时虽有手工业，但并未出现机器大工业与服务业，"配第—克拉克定律"在农耕社会显然不成立。既然农耕社会不成立，当然就是阶段性的规律。而且我认为，此定律只存在于工业化初期到中期阶段，工业化后期特别是后工业社会，该定律也不成立。

为何作此判断？我的分析是这样：

说过了，"配第—克拉克定律"是对经验事实的描述。不过配第的这一思想并非直接来自经验事实，那时尚处在工业革命前夜，工业化要等100年（1776年瓦特发明蒸汽机）后才起步。真正根据事实归纳此定律的是克拉克，而克拉克所依据的事实则是工业化初期到中期的事实。换句话说，克拉克只验证了工业化初期至中期的结构演进，而工业化后期会怎样他未验证。而我们今天所看到的事实是，欧美制造业正在回归，从证伪角度看，此定律恐怕也不存在于工业化后期。

转谈分工约束吧。此约束有两层含义：一是结构演进要以分工为前提，即没有分工就没有结构演进；另一含义，是分工范围决定结构演进的主体范围。具体讲，在工业化初期到中期，分工范围若只局限于某地区，"配第—克拉克定律"会适用于该地区；但若分工范围扩大，当一个国家形成了地区间的分工，则"配第—克拉克定律"就只适用于这个国家而不再适用于某个地区；同理，当分工范围扩大到全球，那么"配第—克拉克定律"反映的是全球趋势，也就不再适用于某个国家。

用不着讲复杂的道理，让我用一个例子来解释。假定一个国家有甲、乙、丙三个地区，甲地比较优势是农业，乙地比较优势是工业，丙地比较优势是"三产"。设若这个国家已经形成了地区间分工，这样甲、乙、丙三地则大可不必拘泥于"配第—克拉克定律"。从单个地区看，虽然每个地区都不符合此定律，但只要这个国家没有深度加入国际分工，那么整体结构演进仍会与定律一致。

写到这里，我们似可得出以下结论：第一，"配第—克拉克定律"是阶段性规律，绝非永恒不变；第二，此定律适用范围由分工范围决定，故也并非放之四海而皆准；第三，基于以上两点，一个国家的产业定位应立足自身比较优势，断不可削足适履、生搬硬套。

斯密—李嘉图定理

前篇文章我说"配第—克拉克定理"在工业化后期不成立，文中我举证的是今天欧美国家回归制造业的事实。有读者问：欧美回归制造业是长期趋势吗？倘若只是昙花一现，怎可证明"配第—克拉克定理"在工业化后期不成立呢？

问得好，值得答。是的，从证伪的角度讲，要推翻某个命题只需举证一个相反的事实，但前提是这事实必须真实可靠。问题是，欧美国家回归制造业是真实可靠的事实吗？真实性毋庸置疑，但扪心自问，这趋势日后会否再逆转却不敢肯定。由此看，用一个尚不确定的事实判定理论不成立确实欠严密，至少不是无懈可击。

该怎样补救呢？思来想去，我觉得还是应回到理论上来。未来虽无法预知，但却可按逻辑作推测。配第当年提出结构演进的思想，依据是"从业之利农不如工，工不如商"。人们要追求高收入，劳动力才会从农业依次向工业与商业转移。要追问的是，农业收益低于工业或工业收益低于商业是否是铁律？假若是，"配第—克拉克定理"当然成立；若不是，那就得另当别论了。

在我看来，农业收益低于工业、工业收益低于商业并非铁律。理论上，一个产业收益高低其实与产业的性质无关，只与稀缺程度有关。供求原理说：供不应求价高利大，供过于求价低利小。所谓物以稀为贵，讲的就是这道理。工业化初期农业收益所以低于工业，那是因为工业品相对稀缺；而工业化后服务业收益高于工业，也是服务品相对稀缺。问题在于，服务业发展不可能长期脱离实体经济，一旦服务品不稀缺，收益当然就不会高过别的产业了。

好了，就说这些，算是对前文的补充。下面言归正传，讨论结构调整的通则。所谓结构调整，是指一个国家的产业如何定位，归根到底是指全球化背景下怎样参与国际分工。从这个角度看，可借鉴的理论框架很多：影响较大的有斯密的绝对优势原理，李嘉图的比较优势原理，赫克歇尔和俄林的"赫俄模型"，波特的"钻石模型"，等等。就我个人而言，所推崇的还是斯密与李嘉图，因为别的分工理论并无突破性贡献，只是对斯密与李嘉图理论的发挥而已。

有个大胆的想法，我认为可将斯密与李嘉图的分工原理作为结构调整的通则，也可称作"斯密—李嘉图定理"。完整表述是："假如国际贸易自由，一个国家按绝对（或比较）优势参与分工，结果不仅对这个国家有利，而且可增进社会整体福利。"其实，此定理的结论斯密与李嘉图早有论证，学界也有共识，可为何要把"贸易自由"作为假设前提呢？

前文说了，定理是一个"假言判断"，能满足假设（约束）条件，定理成立，否则就不成立。试想一下，若存在贸易壁垒，一个国家想出口的商品出不去，需进口的商品进不来，它怎可能按自己优势参与分工？举国内分工的例子，目前各地结构趋同，其实与地区封锁有关。商务部曾对22个省、市作过调查，发现其中有20个搞贸易保护，这样地区间很难分工，只能"大而全""小而全"。国内分工如此，国际分工也一样，贸易不自由也是目前不少国家未按自己优势参与国际分工的原因。

是的，国际分工要以贸易自由为前提，此点容易理解，真正的困难，是要解释"斯密—李嘉图定理"为何可作为结构调整的通则？这是说，只要国际贸易自由，一个国家无论处于哪个发展阶段都应按自己的优势参与分工。对此，可分两种情况分析。

第一种情况：一个国家处于工业化初期到中期阶段为何要按"斯密—李嘉图定理"参与分工？答案是为了扬长避短。韩国是成功的例子。20世纪60年代，韩国利用廉价劳动力发展劳动密集型产业，一举打入国际市场，为日后的"汉江奇迹"

奠定了基础。相反的例子是巴西。近百年巴西经历了从经济崛起、后步入衰退的过程。论资源优势，巴西得天独厚，拥有世界上最多的可耕地和先进的农业科技，可它没利用好自己的优势（耕地利用率仅 7.5%），试图搞超越式发展，结果由于过度依赖国际资本，令经济长期陷入低谷。

第二种情况：一个国家到了工业化后期为何还要按"斯密—李嘉图定理"参与分工？理由同样是扬长避短。这方面成功例子多，美、英、德、日是举世公认的发达国家，但其产业定位却各不相同：美国以 IT 高科技为主导；英国以金融服务业为主导；德国以制造业为主导；日本则以终端消费品生产为主导。不成功的例子是冰岛，冰岛拥有丰富的海洋资源，本应重点发展相关产业，但冰岛认为搞金融才能暴富，于是一时间各类银行、信托、保险机构如过江之鲫，哪承想 2008 年一场金融危机，冰岛金融业全线坍塌，国民经济几近崩溃。

最后再说中国的结构调整。规则当然也是"斯密—李嘉图定理"，但操作上应有区分：一是国内分工要打破地区封锁，鼓励各地根据本地优势调结构；二是国家层面参与国际分工，既要立足本国优势，但也要顾及"贸易保护"盛行的现实。这样看，近期还得审时度势、相机抉择才是。

"中心—外围论"存疑

亚当·斯密曾经证明,一个国家若按绝对优势参与国际分工,然后用自己生产的产品与他国商品交换,双方可以共赢。后来李嘉图从比较优势角度研究分工,得到的结论也与斯密一致。两位大师的分工理论,被经济学诺奖得主萨缪尔逊称为"国际贸易不可动摇的基石"。

是的,国际贸易能让双方获益,此点毋庸置疑。本文要讨论的是,穷国与富国谁获益更多一些?经济学家普莱维什1950年提出了著名的"中心—外围论",他将国家分为两类:一类是位居国际贸易的中心的发达国家;另一类则是处于外围的落后国家。普莱维什说,国际贸易的利益大多被中心国家享有;外围国家的利益很少,甚至为负数。

普莱维什并非信口开河。他根据英国60多年的进出口数据,推算了初级品与工业制成品的比价变动。外围国主要出口初级品，进口制成品，故两者比价实际就是外围国的贸易条件。普莱维什通过计算发现，到 1938 年，过去 60 年外围国贸易条件下降了 36%。这是说，当初一定数量的初级产品可换100 个工业品，而现在只能换 64 个。于是他判定国际贸易明显对穷国不利。

不知读者怎么看？若普莱维什的结论成立，穷国要避免吃亏就只能与穷国做贸易，而不应与富国做贸易。而我观察到的事实是，战后迅速致富的国家，几乎都得益于与发达国家的贸易。韩国、新加坡等"亚洲四小龙"如此，中国也如此。改革开放 30 多年，中国一跃成为全球第二大经济体，论贡献，出口当居功至伟。而中国的出口市场，大头则在欧美国家。

问题出在哪里呢？为此我查对过相关资料，普莱维什的数据与计算都没错。可这现象怎么解释？思来想去，我想还是应回到斯密与李嘉图的分工理论上来，正本清源，也许能从中受到启发。

前面说，斯密是从绝对优势角度研究分工；李嘉图则从比较优势角度研究。虽然角度不同，但他们都主张国际分工要扬长避短、发挥自己的优势。不过，研究穷国与富国之间的贸易，恰好与李嘉图比较优势原理吻合。为方便起见，就让我们直接用李嘉图举的例子展开讨论吧。

李嘉图的例子是：英国与葡萄牙均生产毛呢与葡萄酒，英国生产 10 尺毛呢，需要 100 小时，酿一桶葡萄酒需 120 小时；

而葡萄牙生产同量的毛呢与葡萄酒，分别只需 90 小时与 80 小时。由此看，这两种商品的生产率英国皆不及葡萄牙，两国似乎没有贸易的可能。然而李嘉图指出，只要两国按各自的比较优势分工，贸易仍能让双方获益。

上例中，英国的比较优势显然是生产毛呢，葡萄牙的比较优势是生产葡萄酒。假如 10 尺毛呢可换一桶葡萄酒，这样英国用 100 小时生产的毛呢，便可换得自己需要 120 小时才能生产出的葡萄酒，可节约 20 小时成本；葡萄牙用 80 小时生产的葡萄酒，可换到自己需要 90 小时才能生产出的毛呢，也节约了 10 小时成本。

细心的读者会问，英国生产率低于葡萄牙，但在贸易中英国得到的好处反而更多，这是否意味着国际贸易对低生产率国家更有利？当然不是。试想，如果葡萄牙生产 10 尺毛呢的成本不是 90 小时而是 100 小时，葡萄牙用一桶葡萄酒换 10 尺毛呢不也是节约 20 小时成本吗？

事实上，决定贸易利益分配的是商品的交换比价。贸易双方生产成本的相对差距，只决定分工的选择；而分工格局一旦形成，贸易利益怎样分配就取决于贸易商品的比价。如上例中商品比价如果不是 10 尺毛呢等于一桶葡萄酒，而是 15 尺毛呢等于一桶葡萄酒，英国肯定吃亏；反之若比价为 10 尺毛呢等于 1.5 桶葡萄酒，则吃亏的就是葡萄牙。

那么商品比价如何确定呢？对此李嘉图本人并未提供答

案，倒是他的学生约翰·穆勒作了弥补。穆勒的观点，商品的比价是由贸易双方对进口商品的需求决定，若一方对另一方商品的需求强度更大，对方的商品比价会相对高。穆勒这一解释有说服力，不过我认为用商品"稀缺度"解释更准确。因为国际贸易并不只在两个国家进行，如果英国毛呢涨价，葡萄牙可转从别国进口。但要是全球毛呢都稀缺，价格就必涨无疑。

我这看法与穆勒的分别在于，穆勒是从贸易双方的相互需求看，而我是从全球市场需求看。但无论从哪个角度看，只要认同价格由需求决定，都可得到如下推论：商品比价与生产国的成本无关；也与贸易双方的经济发展水平没有关系。正因如此，所以不能简单地讲：发展中国家与发达国家进行贸易就一定吃亏或者占便宜。

仅举一例。沙特阿拉伯并非工业发达国家，出口的原油属初级产品，但由于原油稀缺，1973 年每桶不到 3 美元，到 2008 年曾涨到每桶 100 美元。35 年上涨近 40 倍，超过了同期大多数制成品的价格涨幅。而近几年欧美经济不济，原油需求减少，价格大跌，这也证明了价格是由"稀缺度"决定。

最后对普莱维什的观点作三点澄清：第一，20 世纪 30 年代前初级产品与制成品的比价所以下降，是由于当时初级品供应相对充足，制成品相对稀缺；第二，由于农机工具的应用与种植技术的改进，农产品产出率提高，单位商品价格下降；第三，欠发达国家为了出口创汇，控制了出口品价格。

高关税的错觉

　　假若有两道问答题：一道问你是否赞成自由贸易？另一道问你国内产业是否需要关税保护？不知读者会怎么答。多年前我曾就这两个问题问过自己的研究生，他们一方面赞成自由贸易；而同时又认为国内产业也需要关税保护。显然，这两个答案自相矛盾。

　　其实不只是我学生这么看，时下学界也有不少人持这看法。顾名思义，贸易自由不单指出口自由，也包括进口自由。一国的出口是他国的进口，一国的进口则是他国出口。古语云：己所不欲，勿施于人。一个国家若希望别人尊重自己的出口自由，那么你就不能限制进口，妨碍别人的出口自由。

　　这道理说来大家都懂，可在对待进出口问题上人们为何会持双重标准？追根溯源，我认为是受早期重商主义的影响，而且其影响根深蒂固。在重商主义者看来，世上唯有金银才是财富，一个国家要增加财富，必须多出口少进口。而要奖出限入，政府的手段之一就是对进口征高关税。今天的关税壁垒，或多或少与重商主义的财富观念有关。

时过境迁，重商主义早已不复存在，特别是20世纪70年代布雷顿森林货币体系解体后，金银与货币脱钩，没人再相信"唯有金银是财富"的神话。问题就在这里，既然不再迷信金银，至今为何还有人对高关税推崇备至？甚至连美国这样的发达国家也乐此不疲？三年前赴美参加"中美欧学术论坛"，在会上我曾提出过质疑，美国学者回应：高关税是为了保护他们国内就业。

这理由读者相信吗？反正我不信。举大家熟知的例子。几年前美国曾针对中国轮胎进口专门开征"特保关税"，并声称此举是迫于美国钢铁工业协会的压力。奇哉怪哉！进口中国轮胎与钢铁工业有何相干？再说，美国本来就需要进口轮胎，不从中国进口也得从别的国家进口。请问从别国进口而不从中国进口怎么就能保护美国就业？

所以在我看来，所谓"保护国内就业"不过是美国的一个借口，醉翁之意不在酒，目的是要打击中国的出口。我曾以《贸易保护成事不足》为题作过分析，这里不重复。本文要讨论的是，在经济全球化背景下，发展中国家的产业是否需要关税保护？或者对发展中国家来讲，高关税能否保护本国就业？

先说我的观点："高关税保护就业"不过是人们的错觉。表面看，高关税短期内确实可限制进口，保护国内企业或就业；但想深一层，这样做不过是让本国消费者补贴生产者。算大账，是损人不利己，也得不偿失、并不可取。

用不着讲高深的理论，让我用实例解释吧。假如意大利的皮鞋出口到中国，每双售价 1000 元，而中国国内生产的皮鞋每双售价为 1 500 元。显然，国产皮鞋价格明显高于进口皮鞋，于是国内厂家可能会去游说政府，要求政府多征进口皮鞋的关税 500 元。理由是，进口关税若不提高，国内厂家可能被挤垮，企业一旦倒闭工人会失业。

骤然听，国内厂家说的不无道理。但如果我们从国内消费者角度看，结论却不尽然。比如政府不多征 500 元的关税，消费者花 1 000 元便可买一双皮鞋；政府加征关税后，却需 1 500 元才能买到。如此一来，意味着消费者购买力下降，实际生活水平降低。由此看，提高关税会损害国内消费者利益，说白了是让消费者拿钱维持皮鞋厂的生存。

这是一方面。转从机会成本看，消费者花钱支持皮鞋厂工人就业，其机会成本是放弃购买其他厂家商品可能创造的就业。设想一下，假如消费者不多花 500 元买皮鞋，而用这 500 元去买衬衣，衬衣厂的销售会扩大，就业也会增加。就扩大就业而言，两者并无分别，只是人们重视看得见的就业而忽视看不见的就业而已。

是的，在国家层面，增加皮鞋产业就业与增加衬衣产业就业是一回事。区别在于，提高皮鞋的进口关税，在保护皮鞋产业的同时，其他产业的发展却会受限制。在一定时期资源是有限的，而那些需要关税保护的企业，恰恰是生产率较低的企业，而低效率的企业被保护，资源会向这类企业流动，这对高生产率企业显然不公平，长此必降低整个社会的生产率。

事实上，政府鼓励对外贸易，目的是希望分享国际分工的好处：即出口自己高生产率的商品赚取外汇，然后用外汇进口他国物美价廉的商品。如果用高关税挡住进口，无疑是对国际分工利益的主动放弃。要知道，出口的商品是国内实实在在的资源，而外汇则是进口国所开具的借条，若不用于进口，外汇就是一堆纸，毫无用处。再说，如果一个国家总"奖出限入"，对方换不来外汇进口，总有一天你也无法出口。

由此我想到了出口补贴。不论补贴方式为何，最终都是为了低价出口商品。但要指出的是，补贴出口其实是在用国内财政补贴国外消费者，其补贴部分等于白送。既如此，政府与其补贴出口，倒不如补贴国内技术创新。只要企业有竞争力，出口用不着补贴。古往今来，靠给人送"补贴"而致富的国家一个也不曾出现过。

最后再说一遍：国际贸易能令贸易双方获益，但重点不在出口而在进口，只有进口才能让国内消费者买到国内不生产的商品或国外更便宜的商品。是的，出口并不是最终目的，一个国家之所以出口，理由就一个：赚取外汇用于进口。我想这也是党的十八届五中全会提出"实行积极进口政策"的原因吧！

出口是为了进口

中国经济 30 多年高增长，论贡献出口居功至伟；然而面对今天巨额的外储，不少人对政府以往鼓励出口的政策提出了质疑。其实这质疑并非始于今日，早在 1997 年外储不足 1 400 亿美元时就有过争论。而今天外储 3.3 万亿美元，相当国内一年 40% 的 GDP，学界对出口有非议也就可想而知了。

政府为何鼓励出口？骤然听是浅问题，然而似浅实深。从浅的方面答，拉动经济有三驾马车，而出口是其一。这是说，扩大出口可带动经济增长保就业。列宁曾说发达国家输出商品是为了转嫁国内过剩，这分析是对的。国内需求不足当然要从国外找市场，不然产品积压失业会增多。中国亦如是，生产过剩也得出口。可见，保就业是扩大出口的重要原因。

这是浅的方面；从深的方面看呢？经济学说，出口的初始动机并非转移过剩，而是分享国际分工的利益。的确是这样。

试想一下，新中国成立之初政府为何要鼓励出口？是因为经济过剩吗？显然不是。恰恰相反那时物质非常匮乏，出口的目的不过是为了创汇增加进口。说白了，政府是希望通过对外贸易享受国际分工的好处。这么说行外的朋友未必能明白，让我做点解释吧。

先从国内贸易说起：

众所周知，亚当·斯密当年写《国富论》是从分工下笔，指出分工可提高效率。而且他有个重要观点：认为（产业）分工是由绝对成本（优势）决定的。举例说。比如我和你，我种粮的成本比你低，织布的成本却比你高；而你呢，种粮的成本比我高，织布的成本却比我低。这样比较起来，我的绝对优势是种粮，你的绝对优势是织布。斯密说，只要按各自绝对优势分工，我种粮你织布，然后彼此用粮与布交换，双方皆可节省成本。

后来李嘉图对斯密作了拓展，指出决定分工的不只是绝对成本，还有比较成本。不过那只是成本比较的参照不同，这里不细说。要提点的是，无论斯密还是李嘉图，他们讲分工都有个前提，那就是交换。若无交换，即便存在绝对优势（或比较优势）也不可能有分工。还是举前面的例子，我专种粮而你专织布，但若我不能用粮食换你的布或者你不能用布换我的粮食，不能互通有无，我和你怎可能分工呢？

请注意，这例子暗含着一个重要推论：即商家生产商品是为了卖（满足别人的需求），而卖的目的则是为了买（满足自己的需求）。简言之，是"为买而卖"。所以这么说，是因为对商家来讲不卖就无法买，不买也就无须卖。事实确亦如此，在早期物物交换中我们可以看得更清楚，只是由于货币的出现，商家这种"为买而卖"的动机才渐渐被漠视了。

或许有人问，现实中很多商家卖了之后并没买，怎可说是"为买而卖"呢？不错，生活中是有这种现象，有人卖后并不马上买，而是将换来的货币存进了银行。不过，这现象也并未改变商家"为买而卖"的动机。商家选择储蓄是为了获利息，不是最终目的；最终目的还是为了更多地买。也就是说，储蓄只是购买的延迟而非购买的放弃。

回头再说出口。往深处想，国际贸易其实与国内贸易无异，出口也是为了进口。这推断我认为不会错，要不然你告诉我，一个国家若不想进口那出口的目的是什么？经济学讲参与国际贸易可享受国际分工的利益，是说你出口自己生产率高的产品而进口对方生产率高的产品可以双赢。若你只出口不进口，别人享受了你价廉物美的商品，而你却不去分享他国高生产率的利益，若这样你岂不是赔本赚吆喝？

这正是当下中国的难题。不管怎么说，外储过多一定是外贸"出多进少"的结果。不过，此局面的形成并非我们不进口，政府曾多次表态要进口，可我们想进口人家不肯卖。问题就在这里，既然人家不卖，那我们还有何必要用政策优惠鼓励出口呢？经验说，一国外储能应付半年进口足够，而 3.3 万亿明显多了，出口政策不变将来会更多。

由此看，我们的政策的确应该调，而且刻不容缓。可眼下不少人担心，认为这样做会增加国内失业。不敢说没这种可能，但也未必一定如此。事实上，目前我们的出口商品并不全是"过剩产品"，国内也有潜在需求，只是老百姓没钱买而已。若能少出口而增加国内供应，物价必降；再设若能大幅提高城乡居民收入，近 14 亿人口何患没内需！

我说过，中国经济跃升全球第二后，未来出口会阻力重重。未雨绸缪，我们不妨重点扩内需。扩内需当然不是不出口，出口还得出，但不必再刻意创外汇。要知道，外储不过是人家买我们商品后给打的借条，不用于进口就是一堆"纸"。明知想买的商品人家不卖，我们要那么多"纸"有何用？

责任编辑：曹　春
装帧设计：木　辛
责任校对：吕　飞

图书在版编目（CIP）数据

经济学反思 / 王东京 著 . —北京：人民出版社，2016.8
ISBN 978－7－01－016602－5

I. ①经…　Ⅱ. ①王…　Ⅲ. ①西方经济学－研究　Ⅳ. ① F0–08
中国版本图书馆 CIP 数据核字（2016）第 192496 号

经济学反思
JINGJIXUE FANSI

王东京　著

人民出版社 出版发行
（100706　北京市东城区隆福寺街 99 号）

北京盛通印刷股份有限公司印刷　新华书店经销

2016 年 8 月第 1 版　2016 年 8 月北京第 1 次印刷
开本：710 毫米 ×1000 毫米 1/16　印张：19.75
字数：188 千字

ISBN 978－7－01－016602－5　定价：56.00 元

邮购地址 100706　北京市东城区隆福寺街 99 号
人民东方图书销售中心　电话：（010）65250042　65289539